JN412499

백기호 목사가 전하는

동산의 샘

백기호 목사의 다른 책들:

축복의원리 42, 종려가지, 2023
주님의 소리, 종려가지, 2023
복음의 소리, 종려가지, 2023
큰 나팔의 소리, 종려가지, 2023
탄식의 소리, 종려가지, 2022
세미한 소리, 종려가지, 2022
하늘의 소리, 종려가지, 2021
성령의 소리, 종려가지, 2021
광야의 소리, 종려가지, 2021
딱! 100일만 성령님과 동행합시다, 종려가지, 2020
바벨론과 새 예루살렘, 소리, 종려가지, 2019
보혜사의 축복을 받자, 종려가지, 2019
하나님의 예비하신 것, 종려가지, 2018
복음의 7대 연합, 7대 명절의 축복, 종려가지, 2018
매일 양식을 나누어 주는 자, 종려가지, 2018
성령의 나타남 10주제, 종려가지, 2018
이름 없이 빛도 없이

백기호 목사가 전하는 **동산의 샘**

1판 인쇄일 2025년 1월 10일
1쇄 발행일 2025년 1월 15일

지은이 _ 백기호
펴낸이 _ 한치호
펴낸곳 _ 종려가지
등 록 _ 제311- 2014000013호(2014. 3. 21)
주 소 _ 서울특별시 은평구 은평로 14길 9 - 5
전 화 _ 02. 359. 9657
디자인 _ 표지 이순옥/ 내지 구본일
제작대행 세줄기획(02.2265.3749)
영업(총판) 일오삼 전화_ 02. 964.6993 팩스 2208.0153

값 15,000 원

ISBN 979-11-90968-93-5

예수보혈의 생수를 마심으로
성결과 거룩함을 입어
영생을 누릴 수 있는
주님의 순결한 신부가 되자

백기호 목사가 전하는

동산의 샘

문서사역
|종|려|가|지|

머리말

창세기 2-3장의 태고의 동산은 구약성경에서 가장 유명한 동산이다. 이 동산은 에덴이라고 불리는 지역에 위치했으며(창 2:8, 창 2:10) 그래서 에덴동산으로 알려지게 되었다(창 2:15, 창 3:23-24).
창세기 2장의 지리적인 내용을 주의 깊게 살피면, 이 동산이 페르시아 만의 어귀 근처에 있었음을 알 수 있다. 그 본래의 지역이 만의 물 아래에 위치해 있었을지도 모른다는 것은 있을 법한 일이다.

'주의 동산'으로도 알려진 이 동산을 후에 무성한 초목으로 덮인 땅에 대한 상징으로 사용되기에 이르렀다(창 13:10, 사 51:3, 겔 36:35, 욜 2:3). 한 구절에서 하나님의 동산은 창조된 세상을 나타내며 동산이 나무들은 지상의 왕들을 나타낸다(겔 31:8-18). 태고의 동산은 에스겔 28:12-19에 나타나 있다.

태고의 동산은 샘의 물이 풍성한 곳이요 넉넉함을 유지하고 부족함이 없는 동산은 샘의 근원이 있다. **"너는 동산의 샘이요 생수의 우물이요 레바논에서부터 흐르는 시내로구나."**(아 4:15)
허물과 죄로 죽었던 우리가 그리스도의 보혈의 능력으로 온전히 구원하여 마음과 생각과 말과 행동이 거듭나고 심령천국이 이루어지면. 결코 마르지 않는 샘이 솟아나고 시냇가에 심은 나무가 철을 따라 열매를 맺는 것과 같이 다달이 신성한 열매를 맺게 된다.

아담과 하와가 동산의 선악과를 먹으므로 동산에는 샘이 메마르게 되고. 샘을 얻으려면 깊이 지하를 파야 하였다. 이삭은 샘을 파서 복을 받았다. **"이삭의 종들이 골짜기에 파서 샘 근원을 얻었더니"(창 26:19)**
말씀의 샘을 깊이 파고, 기도의 샘을 깊이 파고, 찬송의 샘을 깊이 파서 신령한 영적 사람, 목회자는 말씀과 기도, 찬양에 전문가 프로가 되어야 한다.

독일의 신학자 '찡크'는 다음과 같은 이야기로 현대인을 진단하였다.

"어느 날 한 청년이 사하라 사막을 횡단하였습니다. 그는 많은 장비를 준비하였고 무엇보다 중요한 식수를 준비했습니다. 그러나 길을 떠난지 하루 만에 식수가 바닥나 버렸습니다. 그는 기진하여 쓰러졌고 마침내 실신하기에 이르렀습니다. 그러나 한참 후 그는 눈을 떠보니 눈앞에 야자수가 보였고 나뭇잎이 바람에 흩날렸습니다. 그는 이제 죽을 때가 되어 환각이 보이는구나 하고 애써 눈을 감았습니다. 그의 귓가에 물소리와 새소리가 희미하게 들렸습니다. 그는 아, 이제 정말 내가 죽게 되는구나, 또 다시 소리에 귀를 닫습니다.
그 이튿날 아침 사막의 베두인이 어린 아들과 함께 오아시스에 물을 길으러 왔다가 물가에서 입술이 타들어가 죽은 청년을 발견하게 됩니다. 그 모습이 너무나 이상했던 아들이 아버지에게 묻습니다.
'아버지, 이 사람은 왜 물가에서 목말라 죽었을까요?'
그러자 아버지가 대답했습니다.
'얘야! 여기 죽어 있는 젊은이가 바로 현대인이란다.
'오아시스 물가에서 목말라 죽은 현대인.'

정말 그럴 듯한 비유라 생각한다.

각 나라와 도처에 지진과 폭우와 우박과 광풍과 눈과 화산 폭발과 전쟁. 주님의 심판하실 날이 가까워짐을 깨닫지 못하고 하나님께로 회개하고 돌아오지 않는 어리석고 무지한 현대인들,

창조주 하나님께서 목마른 인생들을 구원하시기 위해 온 땅에 비밀히 마련해 두신 '예수의 보혈의 생명수' 강 같이 흘러 넘치는 "성령의 생명수"가 우리 곁의 교회라는 샘에서 넘쳐 나고 있지만 무지하고 어리석고 패역하고 고집이 센 인생들이 보혈의 샘이 솟는 교회 곁에 있으면서도 교회를 지나가면서도 교회를 들어가 보지도 않고 예수를 믿으라는 소리에도 애써 두 손으로 양 귀를 꽉 막아버려서 생명수를 찾지 못하고 목말라 죽어가는 현대인이 얼마나 많은가?

우리 주위를 둘러보면, 교회라는 오아시스가 지천인데 오늘도 여전히 '물 … 물 … 물 … '을 외치고 있는 어리석은 현대인이 얼마나 많은가?
날마다 지은 죄를 죄로 여기지 않고 행하며 날마다 지은 죄가 죄인 줄을 모르고 살아감으로 멸망 길로 가는 현대인이 아닌가?
교회는 다니면서도 성령을 받지 못해 육에 속한 교인이 아닌가?

♡ 생명수 샘물 ♡

"예수께서 이르시되 내가 주는 물을 마시는 자는 영원히 목마르지 아니하리니 내가 주는 물은 그 속에서 영생하도록 솟아나는 샘물이 되리라."(요 4:14)

♡ 성령의 생수 ♡

"명절 끝날 곧 큰 날에 예수께서 서서 외쳐 이르시되 누구든지 목마르거든 내게로 와서 마시라 나를 믿는 자는 성경에 이름과 같이 그 배에서 생수의 강이 흘러나오리라 이는 그를 믿는 자들이 받을 '성령'을 가리켜 말씀하신 것이라."(요 7:37-39)

나의 귀를 열어 날마다 순간마다 들려오는 주님의 청아한 사랑의 음성을 듣게 하소서. 아멘.

"주 예수를 믿으라 그리하면 너와 네 집이 구원을 얻으리라."(행 16 :31)

예수의 보혈의 생수를 날마다 먹고 마심으로 성결과 거룩함을 입어 예수님과 함께 천국에서 영생을 누릴 수 있는 주의 순결한 신부가 되자.

2024. 11. 15.

강원도 평창에서

지극히 작은 자보다 더 작은 자

백기호 목사

차 례

동산의 샘

– 구약 메시지

동산의 샘
– 신약 메시지

백기호목사가전하는

동산의 샘

구약 메시지

주므로, 꾀므로

창 3:12-13,
12, 아담이 이르되 하나님이 주셔서 나와 함께 있게 하신 여자 그가 그 나무 열
매를 내게 주므로 내가 먹었나이다
13, 여호와 하나님이 여자에게 이르시되 네가 어찌하여 이렇게 하였느냐 여자
가 이르되 뱀이 나를 꾀므로 내가 먹었나이다.

- 아담과 하와의 생각과 행동에는 책임이 주어졌습니다.

사람이 귀가 얇기는 예나 지금이나 마찬가지입니다. 마귀의 말은 하나는 참말이고 하나는 거짓말입니다. 마귀가 하와에게 한 말이 하나님처럼 된다는 말은 참말인데 자기를 중심으로 하는 말입니다. 결코 죽지 않는다는 말은 거짓말입니다.
창조주 하나님을 중심할 때는 선, 구원, 행복, 영생입니다. 그러나 마귀가 중심이 되면 불행, 죄악, 멸망, 영원한 실패가 됩니다.

하나님의 형상을 상실한 아담과 하와의 삶은 다음과 같이 전개되었습니다.

1. 자기를 위하는 일을 하다

범죄 후에, 인간은 자기를 위해서 치마를 해 입었습니다. 그리고 자기를 위하여 하나님을 피해 동산나무 사이에 숨었습니다. 갖은 핑계를 대었습니다. 자기를 위하는 모든 것은 육이요 짐승입니다. 육은 자기의 몸을 위해서 보고, 먹고, 명예를 주고, 칭찬을 달라고 합니다. 또 내가 배부르고 만족해야만 합니다. 그러나 영을 위해 사는 자는 자기의 정욕과 탐심을 제어하는 삶을 갖게 됩니다.

2. 공허감 속에 살아가다

범죄 후에, 아담과 하와는 하나님의 것이 끊어지고 육으로만 살게 되었습니다. 하나님의 권능 은총 영광이 벗겨지고 나니 죄악의 눈이 떠지고 자기만 보게 되었습니다. 그런즉 아담과 하와는 자기를 보호해 줄 자가 없는 것을 발견하였습니다.

하나님과 분리되어서 공허감 속에 살게 되었습니다. 탕자도 아버지를 떠나고 나니 두려워지고 외로워지고 자기를 위해 줄 자가 없는 공허감 속에 사는 자가 되었습니다.

3. 생명 세계에서 쫓겨나다

범죄 후 인간은 하나님을 잃고 대신 자기를 위해줄 많은 사람을 주변에 두는 일을 합니다. 하나님의 은혜를 받은 자가 많이 있어서 기도로 도와야 하는데, 저주 근심 걱정 수고의 사람을 자기편으로 두고 성공했다라고 합니다. 그런즉 죄악의 자녀를 많이 두어 마지막 때에 고통을 당하고 생명세계에서 쫓겨나게 됩니다.

4. 배척을 받다

아담과 하와는 범죄 후 돕는 배필이 아닌 서로 죄를 핑계대는 원수가 됩니다. 용서가 없고 만물에게까지 가시와 엉겅퀴로 배척받는 자가 되었습니다. 하나님과 교제 시 찬송하고 하나님께 영광을 돌려야 할 자가 하나님과 사람과 만물에게까지 배척받고 버린바 되어 모든 혜택이 감소되는 경계의 대상이 되었습니다.

5. 모든 것을 남의 탓으로 돌리다

범죄 한 아담과 하와는 그 범죄의 원인을 다 남의 탓으로 돌립니다.

어린아이의 모습입니다. 책임질 줄 모르고 즉시 통회 자백하지 않는 모습은 오늘날에도 마찬가지입니다. 자신만 빠져 나가면 된다는 얄팍한 마음을 그 어떠한 경우에도 용납될 수 없습니다.

내 탓이라고 말할 수 있는 사람은 성인입니다. 성숙한 믿음의 사람은 자신이 하는 말과 행동에 책임을 먼저 생각합니다.

오늘을 사는 믿음의 사람 된 우리들은 나의 생각과 행동이 가져온 모든 결과를 창조주 하나님 앞에 내려놓고 진솔하게 살 수 있는 인생여정이 되기를 주의 이름으로 축복합니다.

데려감을 당한 에녹

창 5:21-24,
21, 에녹은 육십오 세에 므두셀라를 낳았고
22, 므두셀라를 낳은 후 삼백 년을 하나님과 동행하며 자녀들을 낳았으며
23, 그는 삼백육십오 세를 살았더라
24, 에녹이 하나님과 동행하더니 하나님이 그를 데려가시므로 세상에 있지 아니하였더라.

- 종말의 시대를 살아가는 성도, 우리가 이 시대에 에녹이 되어서 하나님과 함께 거룩한 길을 가야 합니다.

창조주 하나님과 동행한 에녹, 에녹처럼 하나님과 동행하고 싶습니다. 하나님과 함께 매일 매일 살다가 하나님의 나라로 들림 받고 싶습니다. 오늘을 사는 성도들도 이처럼 똑같은 마음이라 믿습니다.

1. 에녹의 시대

에녹이 창조주 하나님과 동행하며 살던 시대는 암흑의 시대였습니다. 므두셀라를 낳은 후에 300년을 하나님과 동행하며 살았다는 말씀에

깊은 뜻이 있습니다. 므두셀라는 그 뜻이 '장차 사망이 온다, 종말이 온다'는 뜻입니다.
이것을 보면 므두셀라 시대부터 사망이 다가오는 시대요, 홍수의 심판이 가까운 죄악이 관영한 시대임을 알 수 있습니다. 므두셀라가 죽던 해에 노아 홍수가 시작되었으니 그 시대가 얼마나 악한 시대였던가를 알 수 있습니다.

홍수 심판을 앞둔 시대에 사는 에녹은 밖에 나가면 동행할 사람이 없고 들어오면 마음을 함께 할 사람이 없어 외롭고 귀로 듣고 눈으로 보는 일들이 나쁜 것들뿐이었습니다. 그래서 외로운 에녹은 창조주 하나님과 함께 하는 것이 즐거움이었고, 두려운 세상에 하나님과 함께 하는 것이 절대 안전한 생활이었습니다.

2. 하나님과 동행한 에녹

에녹은 어떻게 하나님과 동행할 수 있었을까요?

믿음으로 하나님과 동행하였습니다. **히 11:5, "하나님을 기쁘시게 하는 자"**였다고 기록하고 있습니다. 하나님과 동행하였다는 것은 같이 살았다는 뜻입니다. 서로 믿는 사이가 아니면 함께 살 수 없습니다.
에녹이 하나님을 믿었고, 하나님께서도 에녹을 믿었기에 함께 살 수 있었습니다.
하나님과 뜻을 같이 하므로 하나님과 동행하였습니다. 하나님과 동행하였던 에녹은 하나님 뜻에 절대적으로 순종하였고, 그 뜻을 따라 갔습니다. 어려운 길이나 가시밭길로 하나님께서 그를 인도하여도 에녹은 자신의 의견을 버리고 오직 창조주 하나님의 뜻에 복종하므로 하나님과 동행할 수 있었습니다.

그의 생활이 성결하므로 하나님과 동행할 수 있었습니다. 에녹은 시대가 어려운 때라고 해서 숨어 있을 비겁자가 아니었으며, 박해가 두렵다고 가만히 있을 사람도 아니었습니다. 그는 하나님의 심판을 경고한 예언자였습니다(유1:14-15). 홍수가 임박한 시대에 에녹은 홀로 바른 신앙에 굳게 서서 깨끗하게 성결하게 행동함으로 하나님과 동행할 수 있었습니다.

3. 죽지 않고 창조주 하나님께로 간 에녹

인간의 죽음을 성경은 죽었다 혹은 잠잔다고 했는데 에녹을 하나님이 데려가신 이유가 무엇입니까? 이사야는, **"올바른 사람이 사라지는 것을 실상은 재앙을 벗어나 평화를 누리러 가는 것"**(사 57:1-2)이라고 하였습니다. 홍수 심판이 임하기 전에 하나님이 그를 데려 가셨습니다.
인간이 산다는 것은 고통 아닌 것이 없습니다. 특히 홍수 심판 전의 시대는 죄악이 관영하였으니 악 때문에 고통이 많았습니다. 하나님은 그 고통의 멍에를 벗겨 주시기 위하여 에녹을 데려 가셨습니다. 에녹은 지상에서 하나님과 동행하다가 지면의 홍수 심판을 보지 않고 천상에서 하나님과 함께 즐거워하니 이보다 더 행복한 사람은 이 지구상에 없습니다.

에녹은 마지막 심판이 임하기 전에 어린 양의 혼인 잔치에 들려 올라갈 성도들의 예표입니다. 이 죄악 된 세상에서 창조주 하나님과 동행하면서 삶을 살아가는 그리스도인들을 하나님께서 마지막 심판 때에 에녹처럼 데려 가실 줄 믿습니다.

마 24:40/ "그 때에 두 사람이 밭에 있으매 하나는 데려감을 당하고 하나는 버려둠을 당할 것이요"

그런즉 매순간마다 영육 간에 더욱더 성결과 온전한 믿음으로 주님과 함께하는 가운데, 이 세상 삶이 끝나는 날 우리 모두 창조주 하나님 나라에 넉넉히 이르는 온전한 영생복락의 주인공이 되기를 주님의 이름으로 축복합니다.

생명나무이신 예수

출 15:25,
모세가 여호와께 부르짖었더니 여호와께서 그에게 한 나무를 가리키시니 그가 물에 던지니 물이 달게 되었더라 거기서 여호와께서 그들을 위하여 법도와 율례를 정하시고 그들을 시험하실 새

- 주님은 우리를 살리시는 생명수요 구원자시라.

프랑스와 러시아가 한창 전쟁 중일 때 아들을 전선에 보낸 아버지가 있었습니다. 프랑스의 생물학자였던 이 아버지는 아들의 소식이 없자 직접 전쟁터에 나가 시체를 뒤지며 아들을 찾았습니다. 그때 신음소리가 들렸습니다. 그는 자신의 외투를 벗어 신음하는 병사에게 입힌 후, 후송하려다가 병사의 얼굴을 보고 깜짝 놀랐습니다. 바로 자신의 아들이었습니다.

이 생물학자가 효모균과 왁친을 발견하고 개발한 파스퇴르였습니다.

그는 사람들에게 이렇게 말했습니다. "생명은 생명으로부터 온다."

이스라엘 백성들이 마라에서 쓴물로 인하여 고통을 당하며 죽어갈 때 하나님은 한 나무를 가리키시고 그 나무를 물에 던졌더니 쓴물이 단

물로 물이 달아져 마실 수 있는 물이 되었습니다.
이 나무는 예수 그리스도의 십자가를 예표합니다. 우리의 쓰디쓴 인생 시험과 환란 중에 있는 인생에게 십자가가 바로 변화요 마실 수 있는 영생수를 얻게 하는 축복이 됩니다.

오늘을 사는 우리에게 주님께서는 어떤 물을 주실까요?

1. 거룩하게 하는 물

주님께로부터 나오는 물은 누구라도 자기 죄를 깨끗이 죄 씻음 받을 수 있는 거룩하게 하는 물입니다.

사 55:1/ "너희 목마른 자들아 물로 나아오라 돈 없는 자도 오라 너희는 와서 사 먹되 돈 없이 값없이 와서 포도주와 젖을 사라."

2. 생명을 주는 물

병을 고치시고, 죽음에서 살리시고 영원히 갈증을 느끼지 않게 하는, 영원한 생명을 주는 단물입니다.

요 4:14/ "내가 주는 물을 먹는 자는 영원히 목마르지 아니하리니 나의 주는 물은 그 속에서 영생하도록 솟아나는 샘물이 되리라."

3. 힘을 주는 물

성령을 통하여 우리가 세상을 살아가는 데 필요한 힘과 능력을 주어 우리로 승리케 하는 물입니다.

엡 3:16/ "그 영광의 풍성을 따라 그의 성령으로 말미암아 너희 속사람을 능력으로 강건하게 하옵시며"

우리의 인생은 물을 마셔야 삽니다. 우리 주님은 가장 좋은 생명수를 주십니다. 그것이 십자가의 구원의 은혜요 사랑입니다.

나뭇가지 되신 십자가로 마라의 쓴물을 단물로 바꾸셔서, 독수를 생명수로 바꾸어서 우리를 모든 고통과 병마에서 살리시고 영원히 마르지 않도록 주님은 역사하십니다.
그러므로 이 말세지말에 우리들을 다시 강건하게 하시고 영, 혼, 육을 새 생명 되게 살리시는 보혈의 은혜 생명의 축복으로 오늘도 승리하시길 예수님의 이름으로 축원합니다.

광야

민 10:12
이스라엘 자손이 시내 광야에서 출발하여 자기 길을 행하더니 바란 광야에 구름이 머무니라.

이집트의 유망한 젊은 왕족이자 유력한 왕위 계승권자였던 모세는 이집트 관리를 때려죽이면서 꼬인 인생이 되어 버립니다. 당시의 시대상을 유추해서 보자면 왕위 계승후보자가 관리하나 죽인 것 때문에 신변 위협을 느낀다는 것은 조금 의아한 일입니다.
그러나 어떤 경로인지는 몰라도 모세의 출생에 대한 비밀이 히브리인들에게는 물론이고 모세의 정치적인 정적들에게까지 흘러 들어갔던 모양입니다. 그의 왕권 계승 라이벌들이 이런 기회를 놓칠 리 만무했고 모세는 신변의 위협을 느끼고 미디안 광야로 도망칩니다.

남자들은 동창회 가서 목에 힘 한번 주고 싶고, 여자들은 명품자랑과 남편 직장을 비교하며 시집 잘 갔느니 못 갔느니 하면서 살아갑니다. 그렇습니다. 우리는 늘 이런 소욕으로 살아갑니다. 이렇게 살면서 하나님을 느끼고 하나님과 동행하려니 될 리가 없습니다. 그렇다면 우리는 어떻게 해야 합니까?

세상 돈과 명예와 체면, 부와. 권력, 인정과 자만의 욕심이 사라지는 광야로 가야하지 않겠습니까? 사회생활하고, 직장생활을 하다보면 광야로 가기가 쉽지 않음을 잘 압니다. 가정을 갖고 나이가 들수록 세상일이 맘대로 안 된다는 것도 압니다. 하지만 적어도 우리는 하나님 앞에서 아무 것도 아닌 참된 자아를 인정해야 합니다. 그래야 하나님이 우리를 사용하실 수 있는 그릇이 되기 때문입니다. 광야는 변한 것이 없는데 모세는 광야에 버려졌습니다.

지금의 미디안 광야는 크고 튼튼한 마차를 끌고 휘장을 두르며 달리던 광활하고 시원한 광야가 아닙니다. 물이 없어 목이 마르고 배가 고파 주린 배를 움켜잡아야 하는 곳입니다. 한 낮의 살인적인 태양과 더위, 밤이면 찾아오는 격렬한 추위는 그에게 지옥 같은 곳이었습니다. 광야의 모습. 모세는 그가 왕자가 아니라 한없이 연약한 한 인간이 되어서야 참된 광야의 모습을 발견한 것입니다. 광야에는 욕심이 없습니다. 수많은 금덩이보다는 한 통의 물이 소중한 곳입니다. 고래 등 같은 집보다는 지친 육신을 기댈 수 있는 작은 나무 한 그루가 필요합니다. 산해진미 차려진 밥상이 아니라 요기할 수 있는 한 모금의 물이 절실한 곳입니다. 그곳에서 욕심이 없습니다.

사람을 진실하게 만드는 곳입니다. 세상 욕심과 미련을 떨칠 수 있는 광야. 바로 그 광야에 모세가 서있습니다. 진짜 광야에 섰을 때 모세는 광야 뿐 아니라 너무나 연약하고 보잘것없는 참된 자기 모습을 발견하게 되었습니다. 모세의 광야는 인생의 낙오가 아니었습니다. 오히려 광야는 그를 큰 그릇으로 빚기 위한 도약대였습니다.

신앙생활 제대로 하고 싶습니까?
하나님의 일을 열심히 하고 싶습니까?
하나님을 조금 더 체험하고 싶습니까?
그분을 조금 더 알기를 원합니까?

그렇다면 이대로는 안 된다는 자각이 일어나야 합니다. 가식의 왕관을 벗고, 위선의 휘장을 떼고, 이기심의 마차를 버리고, 욕심의 자리를 치우고 벌거벗은 모습으로 하나님께 설 수 있어야 합니다. 마치 그 옛날 아담이 그러했던 것처럼 … 처음 주를 영접하고 그의 용서의 사랑 앞에 회개하고 울었던 우리의 순수했던 광야의 마음을 다시 한 번 허락해 주시기를 기도합니다.

바울을 바울 되게 한 곳은 아라비아 광야의 3년의 세월이 위대한 전도자 바울 되게 했습니다. 광야생활이란 집도, 먹을 것도, 마실 물도 없는 심지어 목숨까지도 위험한 고난이 겹치는 생활입니다. 바울의 이방인 전도사역이 광야생활과 같이 고난의 연속적인 사역이기에 광야생활에 비유한 말씀으로 받으시면 되겠습니다.

광야에는 어떤 은혜가 있습니까?

1. 하나님의 음성을 듣는 은혜

모세는 광야 40년 생활 속에서 주님의 음성을 듣고 사명을 받았습니다.(출 3:1) 세례 요한은 광야에서 하나님의 음성을 듣고 사명을 받았습니다.(눅 3:1)

나에게는 강원도 평창군 삼방산, 이 골짜기가 광야입니다. 이곳에서 나를 나 되게 하는데, 41년의 시간이 헛되지 않았습니다. 하나님은 실수하지 않으시는 분이십니다.

광야는 형벌의 장소가 아닙니다.

광야는 하나님을 만나는 장소요

광야는 아무도 없는 적막한 곳이요

광야는 세상 문명으로부터 오염되지 않은 곳이요

광야는 단순한 곳이요

광야는 바쁘지도 않고 복잡하지도 않는 곳이요 시끄럽지도 않는 곳

광야는 하나님의 음성을 크게 분명하게 듣는 곳이요

광야는 오직 하나님과 함께 오직 하나님과의 시간을 보낼 수 있는 곳

2. 광야는 하나님의 인도와 보호를 받는 곳

불기둥과 구름기둥으로 인도, 보호를 받았습니다.(출 13:20-23)

모든 인생은 광야를 거쳐야 합니다. 요셉은 13년, 다윗은 10년, 예수님은 40일, 세례 요한도, 바울도 광야 학교를 통과한 후에야 신약성경 14권의 서신을 기록했습니다.

광야는 훈련을 받는 곳
광야는 버텨야 하는 곳이요.
광야는 지나가는 것이요
언젠가는 분명히 끝나는 시간이 있습니다.

3. 광야에는 생수의 은혜

우리 인생의 오아시스 3가지
1. 예수님, 2. 성령님, 3. 교회

"누구든지 목마르거든 내게 와서 마시라."(요 4:14)
"명절 끝 날에 누구든지 내게로 와서 마시라 그 배에서 생수의 강이 넘쳐나리라."(요 7:37-39)

에스겔 성전 문지방에서 생수가 흘러나와 만국을 소생시키는 생명의 역사가 일어났습니다. 성령의 생수는 죽어가는 모든 것을 살립니다. 교회를, 가정을, 나라를, 죽어가는 나를 살리십니다. 연약한 나를, 무능한 나를, 병든 나를 살리십니다.

4. 광야는 매일 만나가 내리는 곳

광야로 지날 때 조심할 일은 환경을 보고 원망 불평 교만(원불교)
광야를 지나는 우리는 겸손해야 합니다.
불평은 교만해서 옵니다. 나를 낮추시고. 시험하시고. 알게 하시려고.(신 8:3)

광야는 우리가 알지 못하는 놀라운 은혜가 있는 곳입니다.

광야는 패배의 장소가 아닙니다. 광야는 주저앉아 있는 곳이 아닙니다. 낙심하는 장소가 아니라, 하나님을 체험하는 장소입니다

너와 같은 백성이 누구뇨

신 33:29,
이스라엘이여 너는 행복자로다 여호와의 구원을 너같이 얻은 백성이 누구뇨 그는 너를 돕는 방패시요 너의 영광의 칼이 시로다 네 대적이 네게 복종하리니 네가 그들의 높은 곳을 밟으리로다.

- 오늘, 이 하루도 주님의 은총으로 살아갑니다.

"걸을 수만 있다면, 더 큰 복은 바라지 않겠습니다."
누군가는 지금 그렇게 기도를 합니다.
"설 수만 있다면, 더 큰 복은 바라지 않겠습니다."
누군가는 지금 그렇게 기도를 합니다.
"들을 수만 있다면, 더 큰 복은 바라지 않겠습니다."
누군가는 지금 그렇게 기도를 합니다.
"말할 수만 있다면, 더 큰 복은 바라지 않겠습니다."
누군가는 지금 그렇게 기도를 합니다.
"볼 수만 있다면, 더 큰 복은 바라지 않겠습니다."
누군가는 지금 그렇게 기도를 합니다.

"살 수만 있다면, 더 큰 복은 바라지 않겠습니다."
누군가는 지금 그렇게 기도를 합니다.
놀랍게도 누군가의 간절한 소원을 나는 다 이루고 살았습니다. 놀랍게도 누군가가 간절히 기다리는 기적이 내게는 날마다 일어나고 있었습니다. 부자가 되지 못해도, 빼어난 외모 아니어도, 지혜롭지 못해도, 이제부터는 내 삶, 내 인생에 날마다 감사하며 살겠습니다. 그리고 이 모든 것을 은혜로 주신 나의 하나님께 진정 감사 드립니다.

신 33:29/ "이스라엘이여 너는 행복자로다 여호와의 구원을 너같이 얻은 백성이 누구뇨 그는 너를 돕는 방패시요 너의 영광의 칼이 시로다. 네 대적이 네게 복종하리니 네가 그들의 높은 곳을 밟으리로다."

나는 행복한 사람입니다. 나는 기적의 사람입니다. 나는 하늘의 시민권과 그 배경을 가진 구원 받은 하나님의 자녀입니다.

생명이신 예수 그리스도 안에서 행복한 사람이 되려면 행복해 하는 시간을 많이 가지십시오.
얼굴에 웃음을 자주 띠십시오.
팔을 높게 올리고 손뼉을 힘껏 치십시오.
힘차게 걷고 몸을 자주 흔드십시오.
누구에게나 친절하고 자연과 자주 접촉하십시오.
사랑하는 사람들을 자주 떠올리고,
사랑할 사람들을 찾아보십시오.

좋은 한마디, 힘이 되는 글 하나 깊이 간직하십시오.
좋은 공기 속에서 살거나 좋은 물을 계속 마시면 몸이 회복되고 건강해지듯이 좋은 생각, 행복한 느낌을 자주 접하다 보면
어느새 행복하게 살고 있는 자신을 발견하게 될 것입니다.
아리스토텔레스가 말했습니다. "자기를 행복하다고 생각하는 사람이 가장 행복한 사람이다."

신 10:13/ "내가 오늘날 네 행복을 위하여 네게 명하는 여호와의 명령과 규례를 지킬 것이 아니냐."

임마누엘 하나님

수 1:9,
내가 네게 명령한 것이 아니냐. 강하고 담대하라 두려워하지 말며 놀라지 말라 네가 어디로 가든지 네 하나님 여호와가 너와 함께 하느니라 하시니라.

- 삶의 범사에 소망을 부여잡고 절망하지 마십시오.

오늘 날, 우리들 삶의 범사가 그 어떠한 어려움과 고통과 아픔과 병마와 시련 가운데 직면하여도 우리 모두 결코 절망하지 말고 소망을 가집시다. 그러면 인생여정에 반드시 희망의 돌파구가 나타납니다.

여호수아는 위대한 지도자 모세가 천국에 입성한 후에 히브리민족을 이끌고 가나안 땅을 향하여 오다가 요단강 앞에 섰습니다. 그의 눈앞에 가나안 7족이 호시탐탐 노리고 있습니다. 그리고 요단강이 앞을 가로 막고 있습니다. 그런즉 그는 절망할 수밖에 없었습니다.

그때 창조주 하나님은 그에게 말씀하셨습니다.
"강하고 담대하라 놀라지 말라 내가 너와 함께 한다."

그런즉 그는 하나님의 말씀에 의지하여 가나안 정복을 성공리에 마칠 수 있었습니다. 그러므로 히브리인들은 애굽에서의 종살이 400여년 광야 노숙 40년을 완전히 청산하고 꿈에 그리던 젖과 꿀이 흐르는 땅 가나안에 정착하게 됩니다.

오늘을 사는 그대에게 창조주 하나님은 여호수아에게 말씀하셨듯이 동일하게 말씀하십니다. 우리들 삶의 범사가 그 어떠한 어려운 형편에 직면 하더라도 절망하지 말고, 하나님의 말씀을 강하게 붙잡고 부정보다 긍정으로 소망 가운데 희망의 삶을 살아갑시다.

절망의 모퉁이는 소망의 길로 통하는 전환점이 됩니다. 왜냐하면 절망의 그 자리에 주님이 함께 하셔서 결국에는 소망의 길로 인도하시기 때문입니다.
우리 주님은 침묵하시는 것 같으나 인내심을 가지고 참고 기다리며 주를 바라보는 사람을 향하여 결정적인 순간에 영혼을 깨우는 하나님의 말씀으로 우리를 소생시키는 어떤 동기를 심어 주십니다. 그런즉 바로 그때 그 순간이 절망이 찬송으로 바뀌게 되는 전환점이 됩니다.

그러므로 인생여정에 모든 절망과 부정적인 생각을 버리고 매순간마다 삶의 범사에 긍정적인 소망을 가집시다. 힘차게 찬송을 부르면서 기도와 하나님의 말씀 가운데, 만사형통하게 승리하기를 예수님의 이름으로 축복합니다.

부르짖는 기도

삿 6:6-7,
6, 이스라엘이 미디안을 인하여 미약함이 심한지라 이에 이스라엘 자손이 여호와께 부르짖었더라
7, 이스라엘 자손이 미디안을 인하여 여호와께 부르짖은 고로

- 일하는 것을 기뻐해야 합니다.

이스라엘 백성들은 여호와의 목전에 악을 행하다가 미디안 사람들에게 7년 동안 농산물과 가축 등을 약탈당하여 생계를 유지하기조차 힘들 정도로 고통을 당하며 불안한 생활을 했었습니다.

역사를 통해서 보더라도 악을 행하는 사람들이 많은 때일수록 그 사회가 불안하고 하나님이 주신 아름다운 땅이 전쟁터와 같은 비극의 처소로 되는 경우를 볼 수 있습니다. 반면에 하나님이 함께 하시는 사람들이 많은 때일수록 그 사회가 안정되고 아름답고 평화로운 곳이 될 수 있었습니다.

기드온은 당시에 농부로써 하나님께 사사로 부름 받아 하나님이 함께 하시는 사람이었습니다.

하나님이 함께 하시는 사람은 어떤 사람인가에 대해서 말씀을 상고하면서 함께 은혜를 나누고자 합니다.

1. 기도하는 사람

"이스라엘이 미디안을 인하여 미약함이 심한지라. 이에 이스라엘 자손이 여호와께 부르짖었더라."(삿 6:6)

이스라엘 백성들은 미디안을 인하여 자기들의 미약함을 깨닫고 자기들이 지은 죄를 회개하면서 하나님께서 구원해 주시기를 위해 부르짖어 기도했을 때 하나님이 함께 해주셨습니다. 우리도 항상 하나님을 의지하면서 기도할 때 하나님이 함께 해주실 줄 믿습니다.

2. 열심히 일하는 사람

"여호와의 사자가 아비에셀 사람 요아스에게 속한 오브라에게 상수리나무 아래 앉으니라. 마침 요아스의 아들 기드온이 미디안 사람에게 알리지 아니하려 밀을 포도주 틀에서 타작하더니"(11절)

하나님은 미디안 사람들의 눈을 피해 밀을 포도주 틀에서 열심히 타작하는 기드온에게 나타나셔서 함께 해주셨습니다.

"여호와의 사자가 기드온에게 나타나 이르되 큰 용사여 여호와께서 너와 함께 계시도다."(12절)

성경 인물들 가운데 하나님이 귀히 쓰신 사람들을 보면 열심히 일하는 사람들이었습니다. 우리는 일하는 것을 기뻐해야 합니다.

3. 겸손한 사람

"기드온이 그에게 대답하되 주여, 내가 무엇으로 이스라엘을 구원하리이까? 보소서 나의 집은 므낫세 중에 지극히 약하고 나는 내 아비 집에서 제일 작은 자니이다."(15절)

기드온은 하나님께 '네 힘을 이와 같이' 겸손의 모습을 보였습니다. 하나님은 겸손한 자에게 함께 해 주십니다.

"여호와께서 겸손한 자는 붙드시고 악인은 땅에 엎드려 뜨리시는도다."(시 147:6)

4. 순종하는 사람

"하나님의 사자가 그에게 이르되 고기와 무교전병을 가져 이 반석 위에 두고 국을 쏟으라. 기드온이 그대로 하니… "(삿 6:20)

기드온이 그와 말씀하신 이가 주 되시는 표징을 보여 달라고 요구하자 하나님의 사자가 그에게 이와 같은 말씀을 했을 때 기드온이 그대로 순종하여 하나님이 그와 함께 하시는 것을 체험했습니다. 하나님은 순종하는 자에게 함께 하십니다.

5. 단을 쌓는(예배하는) 사람

"기드온이 여호와를 위하여 거기서 단을 쌓고 이름을 여호와 샬롬이라 하였더라."(삿 6:24)

기드온이 주 되시는 표징을 보고서, **“내가 여호와의 사자를 대면하여 보았나이다.”**라고 하며 슬픔에 잠겨 있을 때, 하나님이 그에게 ‘너는 안심하라, 두려워 말라, 죽지 아니하리라.’고 말씀해 주셨습니다. 그때 기드온은 여호와를 위하여 단을 쌓고 여호와 샬롬(평강의 하나님) 이라고 했습니다.

하나님은 단을 쌓기를 기뻐하는 자에게 함께 해주십니다.(요 4:23)

기드온은 하나님이 함께 하시는 사람이 되었을 때 300명의 사사로 강한 미디안 대적을 물리쳐 승리할 수 있었고, 나라를 위기에서 구원할 수 있었습니다. 평생토록 하나님과 함께 하시는 삶이 되시기를 주의 이름으로 축복합니다.

'더니' 신앙

왕상 3:4-5,
4, 이에 왕이 제사하러 기브온으로 가니 거기는 산당이 큼이라 솔로몬이 그 단에 일천 번제를 드렸더니
5, 기브온에서 밤에 여호와께서 솔로몬의 꿈에 나타나시니라 하나님이 이르시되 "내가 네게 무엇을 줄꼬. 너는 구하라"

서울 남산의 수도성경전문학교 채플시간에 정석홍 목사님께서 "더니" 제목으로 설교하신 것이 생각이 납니다. 1970년에,

1. 드렸더니

아벨은 첫 새끼와 그 기름으로 드렸더니 받으시고.

창 4:4/ "아벨은 자기도 양의 첫 새끼와 그 기름으로 드렸더니 여호와께서 아벨과 그 제물은 열납하셨으나"

노아가 번제를 제단에 드렸더니 그 향기를 받으시고,

창 8:20 이하/ "노아가 여호와를 위하여 단을 쌓고 모든 정결한 짐승 중에서와 모든 정결한 새 중에서 취하여 번제로 단에 드렸더니 여호와께서 그 향기를 흠

향하시고 그 중심에 이르시되 내가 다시는 사람으로 인하여 땅을 저주하지 아니하리니 이는 사람의 마음의 계획하는 바가 어려서부터 악함이라 내가 전에 행한 것 같이 모든 생물을 멸하지 아니하리니"

솔로몬이 그 제단에 일천번제를 드렸더니(왕상 3:4-5)

2. 동행하였더니

에녹이 하나님과 동행하더니.

창 5:24/ "에녹이 하나님과 동행하더니 하나님이 그를 데려 가시므로 세상에 있지 아니하였더라."

모리아산의 아브라함과 이삭이 동행하더니.

창 22:6,
"아브라함이 이에 번제 나무를 취하여 그 아들 이삭에게 지우고 자기는 불과 칼을 손에 들고 두 사람이 동행하더니"

3. 엎드렸더니

모세의 엎드림(민 20:6, 신 9:25)

여호수아의 엎드림(수 5:14)

룻의 엎드림(룻 2:10)

다메섹도상에서 엎드림(행 9:14)

아브람의 엎드림(창 17:3)

4. 부르짖었더니

이적과 기사로 애굽에서 인도하여 내시고(신 26:7)

한나의 기도로 돌아보시고(삼상 1:21)

요나를 사명에서 회복시키시고(욘 2:2)

야베스의 기도를 허락하시고(대상 4:10)

해가 지도록 손이 내려오지 않게 하시어 승리하게 하심(출 17:12)

- 부르짖음은 나 자신을 붙들어 올리는 것입니다.

5. 말씀대로 하였더니

먼저 만들었더니(왕상 17:5)

깊은 곳에 그물을 던졌더니(눅 5:5)

아구까지 채워 갖다 주었더니(요 2:8)

"고난당하기 전에는 그릇 행하였더니 이제 주의 말씀을 지키나이다."(시 119:67)

6. 모였더니

다 같이 한곳에(행 2:1)

"모인 곳이 진동하더니 무리가 다 성령이 충만하여 담대히 하나님의 말씀을 전하니라."(행 4:31)

7. 씻었더니

보게 되었노라(요 9:11)

너희가 전에는 어둠이더니

- 하나님의 영광에 이르지 못하는(롬 3:23)

본질상 진노의 자녀이더니(엡 2:3)

종노릇하더니(벧전 2:12)

"이제는 주 안에서 빛이라 빛의 자녀들처럼 행하라."(엡 6:8)

"주 예수 그리스도의 이름과 우리 하나님의 성령 안에서 씻음과 거룩함과 의롭다 하심을 받았느니라."(고전 6:11)

아비와 자녀의 감사

대상 25:3,
여두둔에게 이르러는 그 아들 그달리야와 스리와 여사야와 하사뱌와 맛디디야 여섯 사람이니 그 아비 여두둔의 수하에 속하여 수금을 잡아 신령한 노래를 하며 여호와께 감사하며 찬양하며

- 온 마음으로 가족이 감사할 때 능력이 갑절로 임합니다.

오늘, 이 하루도 변함없이 건강을 주시고 일용할 양식을 주시고, 태양의 에너지를 통해 살아가게 하시고, 산소와 물과 호흡이 당연한 것으로 여기며 살아왔는데 당연한 것이 아니요 하나님의 은혜입니다.
단 5분만 멈추어도 인간은 생명을 유지할 수 없는 존재라는 사실을 깨닫게 되었습니다.
입으로 감사. 마음으로 감사. 물질로 감사. 생활로 감사. 영으로 감사. 감사로 충만하게 하시기를 원합니다.

"범사에 감사하라."(살전 5:18)

감사는 시련을 축복으로 바꾸는 능력이 있습니다. 감사는 어떠한 어

려운 상황도 하나님의 관점에서 볼 수 있게 합니다. 감사는 습관인 동시에 선택입니다. 그래서 감사하면 더욱 감사하게 됩니다. 염려 대신 감사와 기도를 선택하십시오.

감사와 기도를 선택할 때, 그대는 역전 인생을 체험하게 될 것입니다. 어렵고 힘든 현실 앞에서도 매일 원망과 불평이 아닌 감사를 찾아 감사를 선택하십시오. 감사를 선택할 때 놀라운 기회를 얻게 되고 하나님 기적을 경험하게 됩니다.

감사는 표현할 때 능력이 됩니다.

진실한 마음으로 감사를 표현하십시오. 감사할 수 없을 때도 형통케 하실 것을 믿음으로 감사를 표현하십시오. 그대가 평생 잊지 말고 감사해야 할 여호와 하나님은 창세 전에 그대를 예정하시고 예수 그리스도의 보혈의 피로 억만 가지 죄악에서 구속하시고 성령으로 인치신 하나님이십니다.

내가 걸어온 인생 여정에 여호와 하나님께는 성령으로 함께하셨고 오늘까지 인도하시고 보호하시며 나의 모든 필요를 채우신 나보다 나를 더 사랑하신 여호와 하나님께 감사를 드리십시오.

지나온 시간들 살아온 지난 세월이 곰곰이 생각하며 뒤돌아 보면 매 순간이 은혜였고 매 순간이 응답이었으며 매 순간이 감사였습니다. 은혜가 은혜 되기 위해 감사의 복음으로 충만하게 하시기를 원합니다.

구약의 다윗이 고난의 종이라면 신약의 사도 바울은 가장 큰 고난을 통과한 하나님의 복음의 일꾼이라 할 수 있습니다.
다윗의 시편에는 감사의 시로 충만하고. 바울서신의 중심내용도 범사에 감사한 서신으로 충만한 것이 다윗과 바울의 공통점입니다.

시 9:1-3/ "내가 전심으로 여호와께 감사하오며 주의 모든 기사를 전하리이다 내가 주를 기뻐하고 즐거워하며 지극히 높으신 주의 이름을 찬송하리니 내 원수들이 물러갈 때에 주의 앞에서 넘어져 망함이니이다."

감사는 행복의 문을 여는 열쇠입니다. 우리가 감사를 선택하면 하나님께서는 더 큰 감사를 주시고, 오늘을 인해 감사하면 감사할 내일을 주시고, 작은 일에 감사하면 감사할 더 큰 것을 주십니다.

감사는 축복의 문을 여는 비결입니다.
모든 불신앙과 불만족, 원망 불평이라는 내 안에 각인 뿌리 체질이 되고 감염이 된 이 바이러스를 치료하는 백신은 오직 예수, 감사뿐입니다.
"감사로 제사를 드리는 자가 나를 영화롭게 하나니"(시 50:23)
말세에 고통하는 때가 이르면 사람들이 감사하지 않을 것이라고 경고합니다. (딤후 3:1,2)
"감사로 제사를 드리는 자가 나를 영화롭게 하나니 그의 행위를 옳게 하는 자에게 내가 하나님의 구원을 보이리라.(시 50:23)

행복은 감사와 비례합니다. 말로 행복하기 원하십니까? 그렇다면 그대는 순간순간 원망이 아닌 감사를 선택하십시오, 그리고 믿음으로 감사하십시오. 감사는 기적을 만드는 원동력이 됩니다.

크신 하나님

대하 32:7,
두려워하지 말며 놀라지 말라 우리와 함께 하시는 이가 그와 함께 하는 자보다 크니

-성경에 '두려워하지 마라'의 말씀이 365번 나옵니다.

하나님께서는 우리에게 매일, 두려워하지 말고, 하나님을 의지하라는 메시지를 주셨습니다. 우리가 이 세상을 살면서 만나는 크고 작은 걱정과 근심은 그것의 크기와 비중이 문제가 되지 않습니다.

비록 우리가 극복할 수 없을 것 같은 크나큰 문제일지라도, 문제에 대한 자신감만 있다면 문제는 더 이상 문제가 아닙니다. 우리와 함께 하시는 하나님에 대한 믿음만 있다면 두려워하지 않고 놀라지 않을 수 있습니다.

창 15:1/ "이 후에 여호와의 말씀이 이상 중에 아브람에게 임하여 가라사대 아브람아 두려워 말라 나는 너의 방패요 너의 지극히 큰 상급이니라."
하나님은 아브람에게 나타나셔서 두려워하지 말라고 하셨습니다. 오

늘도 나에게 다가오셔서 여러 모양으로 두려워하지 말 것을 요구하십니다.

이 세상에서 가장 큰 소리가 무엇인지 살펴보니 그것은 지구가 자전하는 소리라고 합니다. 지구는 계속하여 자전하고 있습니다. 시속 1,609km 초속 447m의 빠르기로 회전하고 있다고 하네요. 초음속 여객기가 달리는 속도보다도 빠른 속도로 돌고 있는데도 어지럼증을 느끼지 않고, 아무도 그 소리를 듣지 못하는 이유를 아세요?
이 굉음을 듣는 순간 인간은 그 고통으로 인해서 죽을 수밖에 없기 때문에, 그래서 하나님은 아주 미세한 소리는 물론 엄청난 굉음 역시 듣지 못하도록 하신 하나님의 창조 섭리 때문이라고 합니다. 들을 수 없는 것은 그것이 우리를 위한 하나님의 사랑이기 때문입니다. 볼 수 없다면 그 또한 우리가 보지 못하는 것이 우리에게 유익이기 때문일 것입니다.

산헤립이 예루살렘을 치러 와서 성을 에워쌌습니다. 신하들과 백성이 두려움에 휩싸여 어찌해야 할지를 물을 때 히스기야 왕이 대답합니다. **"두려워하지 말며 놀라지 말라 우리와 함께 하시는 이가 그와 함께 하는 자보다 크다."**고 하였습니다.

우리와 함께 하시는 하나님은 그 어떤 강한 왕보다, 군대보다 믿을 만합니다. 글을 읽을 수 있다 해서 장님이 아닌 것은 아닙니다. 종과 북소리를 들을 수 있다 해서 귀머거리가 아닌 것이 아닙니다. 그보다도 더 큰 장님은 바로 눈앞에 있는 진리를 깨닫지 못하는 사람이고, 보다 큰 귀머거리는 내면의 소리를 듣지 못하는 불구일 것입니다. 나와 함께하시는 하나님께 마음을 열고 신뢰하면 절망스러운 문제 앞에서도 평안을 누릴 수 있는 복을 얻을 수 있음을 확신하는 복된 날이 되시길 소망합니다.

하나님! 우리가 넉넉히 세상을 이길 수 있도록 동행해 주셔서 감사합니다. 하나님이 늘 내 곁에 계심은 내가 세상에서 누릴 수 있는 복 가운데 가장 큰 것입니다. 임마누엘 신앙으로 믿음의 부요함을 누린 위대한 신앙인들이 증인입니다.

히 11:32-38

32. 내가 무슨 말을 더 하리요 기드온 바락 삼손 입다와 다윗과 사무엘과 및 선지자들의 일을 말하려면 내게 시간이 부족하리로다.
33. 저희가 믿음으로 나라들을 이기기도 하며 의를 행하기도 하며 약속을 받기도 하며 사자들의 입을 막기도 하며
34. 불의 세력을 멸하기도 하며 칼날을 피하기도 하며 연약한 가운데서 강하게 되기도 하며 전쟁에 용맹 되어 이방 사람들의 진을 물리치기도 하며
38. (이런 사람은 세상이 감당치 못하도다)저희가 광야와 산중과 암혈과 토굴에 유리하였느니라.

믿음의 역사를 온 열방에 남방과 북방과 세상에 알리게 하옵소서.

손을 들고 아멘 아멘 응답하고

느 8:6,
에스라가 광대하신 하나님 여호와를 송축하매 모든 백성이 손을 들고 아멘 아멘 응답하고 몸을 굽혀 얼굴을 땅에 대고 여호와께 경배하였느니라.

- 아멘 신앙: 하나님의 약속을 의심 없이 믿는 신앙

하나님의 말씀에 대해 '아멘 아멘'하는 것은 바로 확고한 믿음의 고백입니다. 하나님께서는 성경 전체를 통하여 인간과의 언약을 맺으셨고, 또 약속을 믿는 자에게 모든 언약을 성취시켜 주십니다. 그래서 하나님의 약속을 믿는 믿음은 바로 아멘의 신앙을 소유하는 길이 됩니다. 믿음이 없이는 하나님의 약속을 성취 받지 못합니다.(히 11:1)

예수님께서 말씀하셨습니다. **"내가 진실로 너희에게 이르노니, 누구든지 이 산더러 들리어 바다에 던지우라 하며, 그 말하는 것이 이룰 줄 믿고 마음에 의심치 아니하면 그대로 되리라."**(막 11:23)
이어서 보면, "그러므로 내가 너희에게 말하노니, 무엇이든지 기도하고 구하는 것은 받은 줄로 믿으라. 그리하면 너희에게 그대로 되리라.”(24절)고 하셨습니다.
반드시 하나님의 역사는 기도하고 구한 것이 그대로 이루어질 줄로 믿을 때 나타납니다. 아멘 신앙의 고백대로 된다는 말입니다.

발명왕 토마스 에디슨의 생애를 보면, 그는 학교에 다닐 때 아주 공부를 못한 학생으로서 강의 시간에 말도 안 되는 말을 선생님에게 자꾸 하니까 결국은 그 학교에서 퇴학을 당했습니다.
그러나 그의 어머니는, “내 아들은 성공한다. 에디슨은 하나님이 도와주신다. 하나님이 세계적인 인물이 되게 하신다. 믿는 자에게는 능치 못함이 없다.”고 생각하면서 한 번도 에디슨이 성공하지 못한다고 하는 그러한 마음을 가진 적이 없었다고 합니다. 그리고는 **‘내게 능력 주시는 자 안에서 모든 것을 할 수 있다’**는 아멘 신앙을 그에게 심어 주었습니다. 그래서 그는 세계적인 발명왕이 되었습니다.

믿음이란 하나님의 약속을 말씀을 따라 바랄 수 없는 것을 바라고, 믿을 수 없는 것을 믿으며, 보이지 않는 것을 기대하고, 안 되는 것을 될 줄로 확신합니다. 그래서 하나님은 우리에게 믿음을 요구하십니다. 아멘 신앙의 고백을 요구하십니다.

여호수아와 갈렙은 가나안 땅을 40일 동안 정탐하고 돌아와 이스라엘 백성들에게 그 곳은 ‘젖과 꿀이 흐르는 땅’이라고 보고하면서 **“우리가 곧 올라가서 그 땅을 취하자, 능히 이기리라.”**(민 13:3)고 믿음의 말을 했을 때 그들은 가나안 땅에 들어가게 되었습니다. 아멘 신앙을 가진 자에게 임하는 복을 나타내 주신 것입니다.
아멘이 생활화, 인격화, 영성화 되어서 성경의 복을 나의 생활 속에서 깊은 곳에서 부터 샘이 솟아나고 나로 말미암아 모든 이들이 은혜를 누리게 됩니다. 그러나 그 탐지한 땅을 믿음의 눈으로 바라보지 못하고 악평한 10정탐꾼은 가나안 땅에 들어가지 못했습니다. 예수님은 하나님의 약속을 우리가 믿기를 바라고 계십니다. 입으로 고백하기를 원하고 계십니다. 모두가 누리기를 원하십니다.

마 9:21에 보면, 열 두해 혈루증으로 고생하던 여인이 있었습니다. 이 여인은 12년 동안 혈루증, 즉 부인병으로 온갖 의사를 찾아 다녔지만 돈과 시간만 허비했을 뿐 고침을 받지 못했습니다. 그러던 어느 날 예수님을 만나게 되었을 때, 예수님의 옷자락만 만져도 그녀의 병이 낫겠다는 믿음이 생겼습니다.
그래서 뒤에 서서 믿음으로 예수님의 옷자락을 만졌을 때 예수님의 능력이 그녀에게 나타났습니다. 예수님은 그의 능력이 여인에게 나타난 것을 말씀하시면서 **"딸아, 안심하라. 네 믿음이 너를 구원하였다."**고 하셨습니다.

우리의 신앙생활에 있어서 아멘신앙의 믿음은 육체의 생명과 같이 귀합니다. 그래서 우리는 생명 있는 믿음, 산 믿음을 가져야 됩니다. 아멘의 신앙은 곧 '믿음의 확고한 고백'이므로 설교 말씀을 받을 때나 찬양을 할 때나 기도를 할 때나 확실한 아멘으로 입술로도 고백하여 화답하시기 바랍니다.

믿음의 비밀1

에 2:20,

에스더가 자기의 민족과 종족을 고하지 아니하니 이는 모르드개가 명하여 고하지 말라 하였음이라.

- 믿음은 신의를 가지고 지키는 것입니다.

어떤 관계에서의 믿음은 상대방을 완전히 이해하고 상대를 의식 없이 받아들이는 힘입니다. 이 믿음이 있을 때 인간은 최고의 힘을 발휘합니다. 믿음은 무엇이든 할 수 있는 힘입니다. 믿음이 있는 한 불가한 것이 있을 수 없으며 불가했다면 믿음이 부족했을 뿐입니다.

17C 중엽 프랑스의 철학자요, 과학자이며, 〈팡세〉의 작가로 알려진 유명한 파스칼에 대해, 그의 누나인 베리엔은 동생에 대해 다음과 같이 말합니다. "그렇게도 위대한 호기심에 찬 기력을 구비한 동생인데, 신앙에 대해서는 어린아이처럼 단순하게 복종했다."
그는 임종 때에도 자기를 찾아온 목사 앞에서 말하였습니다. "내가 믿나이다. 중심으로 믿나이다. 원컨대 주께서 나를 영원히 버리지 마옵소서."

우리는 어떠한 모습으로 주님을 따라야 할까요?

1. 즉각적인 순종

사도들이 부르심을 받았을 때 그들은 그물과 배를 버리고 심지어 가족들도 버리고, 그리고 주님만 따랐습니다. 주님은 우리의 미적거리는 태도를 좋아하시지 않습니다. 주님의 말씀이 떨어지기 무섭게 순종함으로 주님의 일을 즉각 행해야 합니다.(계 3:15)

2. 단순한 순종

주님의 부르심 앞에 제자들은 이것저것 묻지도 따지지도 않았습니다. 그들은 손익 계산도 하지 않았습니다. 부르시니 주님의 뒤를 따랐습니다. 참말로 단순한 태도였습니다, 그들은 자신의 이익과 일의 앞뒤를 재어가면서 하는 것이 아니었습니다. 오로지 주님의 뜻에 따른다는 그 한 가지 생각으로 순종했듯이 그대도 그렇게 되어지기를 바랍니다.(눅 18:17)

3. 지속적인 순종

제자들은 3년간 주님과 함께 했습니다. 그들에게는 휴가도 없었고 방학도 없었습니다. 다시 집으로 돌아간 제자가 없었습니다. 그리고 십자가의 고난을 만나고 부활을 만나고 오순절 성령 충만을 입는 이런 과정에서 집으로 돌아갔거나 산속으로나 먼 바다를 건너 외국으로 도

피하지 않았습니다.

그들은 지속적으로 예수님이 보내신 성령님의 인도하심을 따라 일생을 움직였습니다. 실로 주님께 받은 일을 시작할 때나 끝낼 때나 한결같은 충성된 마음이 요구됩니다.(요 14:23)

우리는 주님의 일을 내 맘대로 하면서 주님께 모두 순종하고 있다고 생각하지는 않는지 진실로 가슴깊이 생각해 보아야 할 것입니다. 내 생각과 다르다고, 내 형편이 따르지 않으니, 삶의 범사에 갖가지 일들로 인하여 핑계하는 일이 없는지 말입니다.

믿음의 비밀2

에 2:18,
왕이 크게 잔치를 베푸니 이는 에스더를 위한 잔치라 모든 방백과 신복을 향응하고 또 각 도의 세금을 면제하고 왕의 풍부함을 따라 크게 상 주니라.

진실한 믿음은 하나님께서 모든 그리스도인에게 요구하신 것입니다. 성경에서도 하나님을 향한 믿음 하나로 그의 놀라우신 역사를 경험하고 복을 받은 사례들을 볼 수 있습니다. 모세의 경우 하나님에 대한 믿음이 있었기에 하나님의 인도를 받으며 바로 왕의 제한과 통제를 이기고 이스라엘 백성을 애굽에서 이끌어 내는 데에 성공했습니다.

에스더가 왕궁에서 평안한 생활을 할 때 갑자기 그의 민족, 히브리민족에게 위험이 닥쳐왔습니다. 이를 미리 안 모르드개가 에스더 왕비에게 통보하고 준비하게 했을 때 그녀는 즉각적으로 순종하였습니다. 에스더가 모르드개에게 순종하지 않았으면 유태인들의 운명은 끝이 났을 것입니다. 그러나 그녀는 오로지 민족을 살려야 한다는 한 가지 생각 속에 움직였고 그 일이 끝나 원수 하만이 망하고 히브리민족이 살기 까지 그 일을 멈추지 않았습니다.

'죽으면 죽으리라'는 자세로 3일간을 금식하며 절대 물러서지 않을 각오와 결심, 그리고 지속적으로 순종함으로 그녀도 살고 그 민족도 살아났고 드디어는 부림절의 은혜가 넘쳐 났습니다.

지금은 선거를 앞두고 나라가 온통 들끓고 있습니다. 믿음을 가진 구국의 열정을 가진 후보가 당선되기를 전심으로 기도합니다. 민주주의 자유를 향한 열망을 가지고 나라와 민족을 살리려는 후보가 당선되어야만 합니다.

그리고 우리 모두 신앙과 삶을 나누지 마십시다. 신앙이 삶이며, 삶이 신앙이 되어야 합니다. 다시 말씀드리면 모든 삶의 중심은 하나님이십니다. 우리 주 예수 그리스도의 복음 안에서 우리들 인생이 움직여져야만 합니다. 이런 사람이 진정한 그리스도인이요 믿음의 사람입니다. 하나님 자녀 된 신앙인은 그리스도를 떠나면 물을 떠난 고기가 죽듯이 멸망과 죽음뿐입니다.

우리 모두 사생결단의 의지, 초지일관의 믿음으로, 오직 이 나라와 민족을 사랑하는 마음으로, 敬天愛國(경천애국)의 자세로, 하나님이 보호하시는 하나님의 축복을 받은 나라, 자유대한민국을 수호하는 믿음의 사람이 되는 것이 창조주 하나님의 뜻임을 잊지 않는 삶의 범사가 되기를 소망합니다.

분노는 칼의 형벌

욥 19:29,
너희는 칼을 두려워할지니라 분노는 칼의 형벌을 부르나니 너희가 심판이 있는 줄을 알게 되리라.

- 가인은 인류 최초로 동생을 죽이는 살인자가 되었습니다.

엡 4:26/ "분을 내어도 죄를 짓지 말며 해가 지도록 분을 품지 말고."

분노는 조절할 수 없는 인격 장애입니다.

분노가 만드는 큰 상처
어떤 학교에 조금만 기분이 나빠도 친구들에게 거친 말을 하는 학생이 있었습니다. 이 학생 때문에 상처받은 학생들이 너무나 많았기 때문에 보다 못한 학교의 상담 선생님이 방과 후에 학생을 불러 잘 타일렀습니다. 그런데 선생님의 말을 들은 이 학생은 조금도 반성하지 않고 오히려 다음과 같이 말했습니다.
"선생님, 하지만 저는 화를 내도 오래가지는 않아요. 바보같이 참고 사는 것보다는 잠깐 화를 내고 뒤끝이 없는 게 낫지 않을까요?"

대부분의 사람들은 이 말에 공감합니다! 뒷담화보다 그 자리에서 풀라고 하지만 정도라는 말이 있는데 이것을 안하무인으로 무시하고 행할 때가 많지요!
선생님은 이해한다는 듯이 고개를 끄덕이며 말했습니다.
"폭탄이 터지는 시간은 매우 짧지만 때론 복구가 불가능한 피해를 입히는 법이야. 너의 화로 상처 입은 친구들의 마음은 어떻게 책임질 생각이니?"
선생님의 말을 들은 학생은 부끄러움에 얼굴이 빨개져 아무 말도 하지 못했습니다.

세상에서 가장 강한 원자폭탄이 터지는 시간은 100만 분의 1초로 지속 시간을 다 합쳐도 0.1초도 안 됩니다. 그러나 원자폭탄이 입힌 피해는 100년이 지나도 원상복구가 되지 않습니다. 단 한 번의 실수, 한 번의 화로도 다른 사람의 마음에 큰 상처를 입힙니다.
요즘에는 학원의 언어폭력으로 많은 학생들과 교사들의 교권을 무시하는 학생과 학부모의 언어폭력으로 인하여 스스로 생을 마감하는 분들이 계십니다! 책임은 모두 우리의 것입니다!

하나님께서 주신 소중한 삶과 목숨 이 모두 우리 것이 아니라 하나님의 것인데 작은 한마디의 말로인해 하나님을 버립니다! 조금만 참고 인내하면 될 것을 못 참아 큰 범죄를 저지릅니다!
다른 사람을 향한 감정과 말을 쏟아내기에 앞서 한 번 더 생각하고 이것이 진정 하나님의 뜻인지 아닌지를 생각하고 분별하여 되도록 인내함으로 주님께 기도하며 뜻을 구하십시오. 그리고 성도의 삶에 맞는 겸손한 행실을 갖추십시오.

잠 15:18/ "분을 쉽게 내는 자는 다툼을 일으켜도 노하기를 더디 하는 자는 시비를 그치게 하느니라."

그리고 이렇게 기도해보세요.
-성령이여 나의 마음. 생각. 감정. 의지를 성령으로 새롭게. 강하게. 의롭게 만져주세요. 주님, 화가 날 때는 생각을 멈추고 주님만을 생각하며 주님의 말씀과 인내를 기억하게 하소서. 또한 말씀에 믿음으로 순종하여 행함을 할 수 있도록 제게 큰 사랑과 인내의 힘을 주소서.

사 26:20/ "내 백성아 갈지어다. 네 밀실에 들어가서 네 문을 닫고 분노가 지나기까지 잠깐 숨을지어다."

생각 없이 내뱉은 작은 말들로 인하여 생긴 일을 생각해보세요. 이웃의 마음에 크고 작은 마음의 상처를 입히지 않았나 생각해보고 입혔다면 회개하고 하나님께 고하고 간절히 기도하세요!

- 다시는 이런 불상사가 일어나는 일이 없도록 저에게 참고 인내하는 능력을 주소서. 그래서 함께 하는 모든 분들이 상처받지 않고 오직 사랑으로 서로를 배려하고 함께 하는 세상이 와서 이 세상은 하나님의 나라 에덴동산 같은 사랑과 감사 평화가 가득한 하나님의 나라에서 은혜로운 동행을 함께 하면서 살아가는, 그러한 세상이 오기를 거룩하신 사랑이신 독생자 예수님의 이름으로 두 손 모아 간절한 마음으로 기도합니다.

사망의 골짜기에서 건지시는 예수

시 23:1-6,
1, 여호와는 나의 목자시니 내게 부족함이 없으리로다
2, 그가 나를 푸른 풀밭에 누이시며 쉴 만한 물 가로 인도하시는 도다
3, 내 영혼을 소생시키시고 자기 이름을 위하여 의의 길로 인도하시는 도다
4, 내가 사망의 음침한 골짜기로 다닐지라도 해를 두려워하지 않을 것은 주께
서 나와 함께 하심이라 주의 지팡이와 막대기가 나를 안위하시나이다
5, 주께서 내 원수의 목전에서 내게 상을 차려 주시고 기름을 내 머리에 부으
셨으니 내 잔이 넘치나이다
6, 내 평생에 선하심과 인자하심이 반드시 나를 따르리니 내가 여호와의 집에
영원히 살리로다.

- 주님은 불꽃 같은 눈동자로 지키시며 우리와 동행하십니다.

수년 전(2018년?)에 미국 CBS 방영된 - 이집트 실화사건 간증을 나는 잊을 수 없습니다. 몇 달 전 이집트에서 일어난 이 실화는 미국의 대표적인 텔레비전 방송국 CBS에서 방영된 내용입니다.

한 무슬림 남편이 자기 부인과 8살 먹은 딸과 갓난아기를 살해한 이야기입니다. 부인이 성경책을 읽고 있었기 때문에 죽였습니다. 그리

고 이 남편은 두 딸을 산채로 묻어버렸습니다.
이 사건이 있은 후, 15일이 지났는데 같은 마을에 한 사람이 죽어서 장례를 하려고 공동묘지에 갔다가 모래 밑에 깔려 있는 어린 두 여자 아이를 발견한 것입니다. 죽은 줄 알았던 두 아이들이 살아난 것이 기적이었습니다.

이집트 국영 텔레비전 방송국이 이 큰 딸을 인터뷰했습니다. 방송국 여기자는 무슬림 터번을 쓰고 있었습니다. 이 딸에게 땅속에 묻혀 있을 때에 무슨 일들이 일어났고 어떻게 살아났느냐고 물었습니다. 15일 동안 동생과 아무 것도 먹지 않았는데 어떻게 건강한 모습으로 살 수 있었느냐고 질문했습니다.
"하얀 가운을 입은 한 분이 자기들에게 매일 찾아 오셔서 먹을 음식을 주셨습니다. 그 분은 양손에 못 자욱이 있었으며 이분은 예수님이었습니다. 이 예수님이 우리 어머니를 매일 깨우시더니 자기 젖먹이 여동생에게 젖을 먹여주셨습니다."

그렇습니다. 우리 주님, 지금도 살아 역사하십니다. 할렐루야!
우리 모두 나의 목자 되시는 살아계신 주님을 향하여 소망을 견고하게 가집시다. 주님은 기적을 일으키시는 살아계신 하나님이십니다.
살아계신 우리 주님은 지금도 여전히 나의 목자시며 부족함이 없으십니다.
주가 나를 푸른 풀밭에 누이시며 쉴 만한 물 가로 인도하심을 믿으시길 바랍니다. 어떤 형편과 처지 속에 있어도 내 영혼을 소생시키시고 자기 이름을 위하여 의의 길로 인도하시는 살아계신 주를 매순간 진실로 찬양하시기 바랍니다.
내가 환란 중에 사망의 음침한 골짜기로 다닐 수 있습니다. 그럴 때일수록 더욱 담대하시길 바랍니다.
내가 해를 두려워하지 않는 것은 주께서 나와 함께 하심이기 때문입니다.
주의 지팡이와 막대기가 나를 안위하십니다. 지팡이로 나의 갈 길을 지시하시고 이끄십니다. 막대기로 대적을 확실하게 막아주시고 패퇴시키십니다.
주께서 내 원수의 목전에서 내게 상을 차려 주시고 기름을 내 머리에 부으셨으니 내 잔이 넘칩니다. 머리에 기름 부어 왕 같이, 제사장 같이, 예언자 같이 시대의 빛이 되게 하십니다.
잔은 나 자신의 삶입니다.
잔이 넘치는 삶은 풍성하고 형통한 삶입니다.
그런즉 잔이 넘치는 삶이 바로 나의 삶임을 굳건한 믿음으로 확신합시다.

이집트의 두 소녀를 사망의 죽음 가운데서 건지시듯 우리를 건지셔서 하나님의 살아계신 은혜와 그 도우심 보호하심을 세상 만방에 외치게 하시듯, 우리를 그렇게 도우시고 역사하시는 주와 진실로 동행하는 범사가 되기를 소망합니다.
모든 삶의 범사에 의심 없는 믿음을 가지고 진실로 확신과 굳건한 소망을 가지십시오. 그러면 내 평생에 선하심과 인자하심이 반드시 나를 따르리니 내가 여호와의 집에 영원히 살 것입니다.

어린 두 소녀를 매일 찾아오셔서 생명을 살리신 흰옷 입으신 주님은 오늘도 우리 가운데 오셔서 우리를 영육 간에 살리십니다.
이 흑암 된 세상에, 암의 저주 같은 환란 중에도 주님은 우리를 찾아오십니다.
주님을 믿고 따르는 가운데, 모든 범사가 더욱 풍성하고 형통한 은혜로 그 삶이 복되기를 예수님의 이름으로 축복합니다.

고난은 유익이라

시 119:71-72,

71, 고난당한 것이 내게 유익이라 이로 인하여 내가 주의 율례를 배우게 되었나이다

72, 주의 입의 법이 내게는 천천 금은보다 좋으니이다.

- 사람은 아픔만큼 성장합니다.

만약, 나에게 이 고통과 이 절박함이 없었더라면 하나님의 한없는 은혜와 주님의 십자가의 사랑과 성령님의 내 안에 거하시어 놀랍게 역사하시는 은총을 내가 어찌 알 수 있었을까?

만약 나에게 홀로 감당할 수 없는 절박한 상황이 없었다면 과연 나는 세상의 유혹의 함정에서 벗어나 주님의 부르심의 초청에 순순히 순종하여 예수 그리스도를 구주로 영접할 수 있었을까?

나의 삶에 실패의 어려움이 없었다면 내가 하나님께 가까이 나아와 간절히 눈물로 기도하여 하나님의 도우심의 응답을 이처럼 크게 받을 수 있었을까?

내가 지은 죄와 허물을 몰랐었다면 눈물로 회개하며 자백하여 하나님의 거룩함과 진리를 어떻게 사모할 수 있었을까?

내 마음에 상처가 없었다면 어찌 하나님을 찾아와 위로와 긍휼과 자비를 간구할 수 있었을까?

나에게 육체적 아픔의 고통이 없었다면 하나님의 치료하시는 능하신 손길이 이토록 감격스럽고 뜨겁게 느껴질 수 있었을까?

내가 가난하지 않았다면 가난한 자에게 전해지는 복음을 통해 그리스도 안에 있는 구원의 은혜와 평안과 하나님의 풍성함을 어찌 깨달아 알 수 있었을까?

내가 억울한 일을 당하지 않았다면 주께서 공의와 정의를 이루시는 공의로우신 심판 주 하나님이심을 어찌 알 수 있었을까?

내가 어려웠을 때 주의 사랑으로 성도들에게 도움과 위로를 받지 않았다면 나의 이웃의 아픔과 고통을 위로하며 도울 수 있었을까?

이런 저런 이유들로 나의 영혼과 몸에 고통과 상처가 없었다면 주님을 바라보는 영안이 열려졌으며 주님을 이처럼 사랑할 뜨거운 심장은 있었을까?

삶에서 아무런 역경도 없다는 말은 하나님을 가까이 할 수 있는 극적인 기회가 없어서 결코 행복일 수만은 없다는 생각이 듭니다.

생각해 보고, 또 생각해 보면 우리에게 감사할 일이 훨씬 더 많음을 알 수 있습니다. 하나님은 나의 삶 속에서 환난과 역경이나 괴롭고 힘든 일을 통하여 나를 더욱 온전한 믿음으로 올바르게 서게 하시고 강하고 담대함으로 날마다 승리하게 하시려고 평탄한 삶 속에서 내가 안일함에 빠져있을 때 때때로 역경을 겪게 하시어 약한 나의 믿음을 거룩함으로 회복시키는 주님의 자애로운 사랑을 발견하게 하시도다.

하나님을 사랑하는 자들에게 모든 일에 합력하여 선을 이루시는 하나님, **"우리가 알거니와 하나님을 사랑하는 자 곧 그 뜻대로 부르심을 입은 자들에게는 모든 것이 합력하여 선을 이루느니라."(롬 8: 28)**

- 시험을 기쁘게 여기라.

"내 형제들아 너희가 여러 가지 시험을 만나거든 온전히 기쁘게 여기라 이는 너희 믿음의 시련이 인내를 만들어 내는 줄 너희가 앎이라 인내를 온전히 이루라 이는 너희로 온전하고 구비하여 조금도 부족함이 없게 하려 함이라."(약 1:2-4)

- 환난이 나에게 준 유익.

"환난 날에 나를 부르라 내가 너를 건지리니 네가 나를 영화롭게 하리로다."(시 50:15)

"나의 가는 길을 오직 그가 아시나니 그가 나를 단련하신 후에는 내가 순금 같이 나오리라."(욥 23:10)

"생각하건대 현재의 고난은 장차 우리에게 나타날 영광과 비교할 수 없도다."(롬 8:18)

내게 다가오는 고통과 절박함이 나의 눈을 열어주는 광명한 빛이 되고 나의 마음을 열어 주는 열쇠가 되고 나의 믿음을 확신시켜 주는 능력이 되고, 예수님의 십자가의 고난의 그 큰 사랑을 깊이 알게 하고 그 사랑을 나눌 수 있는 원동력이 되게 하도다.

- 나의 하나님 아버지여! 나를 고난의 풀무에서, 죄와 사망의 법에서, 주님의 보혈로 속죄하사 구원하여 주셨음을 감사하며 찬양을 드립니다. 내가 주를 온전히 의지하며 영원히 사랑하나이다.

하나님은 우리가 위경에 처한 그 때 극적으로 나타나시어 놀랍게 역사하신다.

- 너희 염려를 다 주께 맡기라.

"이는 세상에 있는 너희 형제들도 동일한 고난을 당하는 줄을 앎이라 모든 은혜의 하나님 곧 그리스도 안에서 너희를 부르사 자기의 영원한 영광에 들어가게 하신 이가 잠깐 고난을 당한 너희를 친히 온전하게 하시며 굳건하게 하시며 강하게 하시며 터를 견고하게 하시리라 권능이 세세 무궁하도록 그에게 있을지어다. 아멘."(벧전 5 :9-11)

주의 손에 있나이다

시 138:7-8,

7, 내가 환난 중에 다닐지라도 주께서 나를 소성케 하시고 주의 손을 펴사 내 원수들의 노를 막으시며 주의 오른손이 나를 구원하시리이다

8, 여호와께서 내게 관계된 것을 완전케 하실지라 여호와여 주의 인자하심이 영원하오니 주의 손으로 지으신 것을 버리지 마옵소서.

인간이 죽고 사는 것, 성공과 실패, 생로병사의 모든 문제는 오직 주님이 해답. 정답. 응답입니다. 모든 것이 주의 손에 있나이다.

대상 29:12/ "부와 귀가 주께로 말미암고 또 주는 만물의 주재가 되사 손에 권세와 능력이 있사오니 모든 사람을 크게 하심과 강하게 하심이 주의 손에 있나이다."

나의 삶과 인생이 하나님의 절대 주권과 완전한 계획 속에 있음을 믿고 오늘, "할렐루야!"를 외치고 주님과 함께 새날을 시작합시다.

나의 인생 전체를 향한 하나님의 계획은 완전합니다. 하나님은 우리를 절대 주권과 은혜로 내가 알지도 못했을 때 영세 전에 미리 예정하시고

그리스도의 피로 구속하셨으며, 성령으로 인 치사 절대 망할 수 없는 거룩한 언약의 자녀로 삼아 주셨습니다.

이제, 옛사람을 과감히 벗어 버리고 생명의 언약인 예수 그리스도의 복음으로 옷 입고 이 복음을 가정과 지역, 민족, 전 세계에 전달해 가정과 세상의 재앙과 저주를 막고 전 세계를 살릴 복의 근원이요 증인으로 살아갑시다.

창 12:1-2/ "여호와께서 아브람에게 이르시되 너는 너의 본토 친척 아비 집을 떠나 내가 네게 지시할 땅으로 가라 내가 너로 큰 민족을 이루고 네게 복을 주어 네 이름을 창대케 하리니 너는 복의 근원이 될지라."

때때로 우리에게 고난과 어려운 문제가 닥치지만, 하나님의 절대 주권과 시간표 속에 내가 있음을 믿고 불신앙, 인본주의, 염려로 잘못 각인된 것, 뿌리, 체질을 예수 그리스도의 언약으로 바꾸고 오직 믿음의 주요 온전케 하시는 우리 주님만을 바라봅시다.(히 12:2)
하나님 주신 언약 가진 자, 그 언약을 성취할 자에게 고난과 모든 어려운 문제는 그 자체가 응답이요, 축복이자 재 창조의 기회입니다.

우리의 싸움은 혈과 육이 아니요. 정사와 권세와 이세상 주관하는 악의 영들과의 싸움에서 승리를 선포합니다. 오늘도 하나님께서 내게 주신 언약의 말씀을 굳게 붙잡고 위로부터 주시는 영적인 힘 가지고 나의 현장에서 증인의 삶을 사는 복된 날이 되시기를 기도합니다.

오늘을 놓치지 말라

잠 27:1,
너는 내일 일을 자랑하지 말라 하루 동안에 무슨 일이 날는지 네가 알 수 없음이니라.

- 오늘이 지나면 '이날'은 영원히 오지 않습니다. 오늘은 내 인생에서 처음이자 마지막 날입니다.

우리의 인생을 하루살이처럼 사는 인생이 있고, 하루살이는 내일을 모르고, 메뚜기는 내년을 모르듯 인간은 내일과 내년을 모르고 하루하루를 힘겹게 살아가며, 또 죽음 후 자신의 영혼이 갈 천국과 지옥을 모른 체 오로지 세상과 육신을 위해 정신없이 살아갑니다.

요 6:58/ "이것은 하늘로서 내려온 떡이니 조상들이 먹고도 죽은 그것과 같지 아니하여 이 떡을 먹는 자는 영원히 살리라."

캐나다의 라코크(작가)는 '오늘'의 소중함을 모르는 사람에게 다음과 같은 경고의 글을 남겼습니다.

- 우리의 짧은 인생은 이상하다.

어린아이는 "내가 큰 아이가 되면." 이라고 말한다.
큰 아이는 "내가 성인이 되면."이라고 말한다.
성인이 되어서는 "내가 결혼을 하면."이라고 말한다.
그런데 결혼한 후에는 또 "내가 은퇴하면."이라고 말한다. 마침내 은퇴하였다.
그런데 그가 걸어온 길을 되돌아보면 그곳에는 찬바람만이 불고 있을 뿐…. 모든 것은 이미 지나가 버리고 말았다

결국, 영원한 후회만 남습니다.

전 1:2-3/ "전도자가 가로되 헛되고 헛되며 헛되고 헛되니 모든 것이 헛되도다 사람이 해 아래서 수고하는 모든 수고가 자기에게 무엇이 유익한고"

하나님은 우리에게 '오늘'이라는 값진 선물을 주셨습니다. 하지만 그대는 그 소중한 선물을 너무 대수롭지 않게 여기고 있지는 않은지요? 내일은 더 큰 선물을 줄 거라는 헛된 기대로 시간을, 인생을 그냥 흘려보내고 있지는 않은지요?
속지 마십시오. 바로 오늘 지금이 나에게 주어진 시간입니다. 지금 할 수 있는 것들을 하십시오. 세상 모든 것에는 시간표가 있습니다. 그때를 놓치면 그냥 사라져 버리고 맙니다!

요 6:35/ "예수께서 가라사대 내가 곧 생명의 떡이니 내게 오는 자는 결코 주리지 아니할 터이요 나를 믿는 자는 영원히 목마르지 아니하리라."

오늘 예수 믿고 구원받으십시오.

오늘 예배하십시오.
오늘 감사하십시오.
오늘 사랑하십시오.
오늘 용서하십시오.
오늘 화해하십시오.
오늘 헌신하십시오.

내게 주어진 단 하루 한 번의 기회, 시간, 인생을 망설이고, 주저하다가 놓치고 난 후 영원히 후회할 수도 있습니다. 인생의 기회는 단 한 번뿐인바로 오늘 지금입니다.
오늘 최고 행복을 누리세요.
곧 내가 만난 예수님을 만나는 일입니다.

요 4:14/ "내가 주는 물을 먹는 자는 영원히 목마르지 아니하리니 나의 주는 물은 그 속에서 영생하도록 솟아나는 샘물이 되리라."

창조자를 기억하라, 그리하라

전 12:1-2,
1, 너는 청년의 때 곧 곤고한 날이 이르기 전, 나는 아무 낙이 없다고 할 해가 가깝기 전에 너의 창조자를 기억하라
2, 해와 빛과 달과 별들이 어둡기 전에, 비 뒤에 구름이 다시 일어나기 전에 그리하라"

- 나는 누구인가? 어디서 왔는가? 어디로 가는가?

사람이 모르는 게 있습니다. 나는 어디서 왔으며, 이렇게 살다가 죽으면 어디로 가게 되는지 잘 모릅니다. 인간은 자신의 내일과 내년, 그리고 죽음 후 영적 세계인 천국과 지옥을 모르는 채 어리석게도 오직 눈에 보이는 세상과 육신만을 위해 무엇을 먹을까 입을까 고민하며 몸부림치며 살아가고 있습니다.

그대는 이 사실을 아십니까? 인간은 세 번의 삶을 삽니다.

1. 모태에서 열 달

하나님으로부터 시작된 우리 생명은 모태에서 열 달을 삽니다. 그것

을 '모태생'이라고 합니다.

사 44:2-3,/ "너를 지으며 너를 모태에서 조성하고 너를 도와줄 여호와가 말하노라 나의 종 야곱, 나의 택한 여수룬아 두려워 말라 대저 내가 갈한 자에게 물을 주며 마른 땅에 시내가 흐르게 하며 나의 신을 네 자손에게, 나의 복을 네 후손에게 내리리니"

2. 이 세상에서의 일생

인생 70이요, 강건하면 80입니다. 모든 인간은 많이 배웠든 못 배웠든 잘났든 못났든 부요하게 살았든, 가난하게 살았든 결국 인생이 가는 길은 수고와 슬픔뿐인 세상을 잠시 살다가 결국은 허망하게 죽습니다.

시 90:10-12/ "우리의 연수가 칠십이요 강건하면 팔십이라도 그 연수의 자랑은 수고와 슬픔뿐이요 신속히 가니 우리가 날아가나이다 누가 주의 노의 능력을 알며 누가 주를 두려워하여야 할대로 주의 진노를 알리이까 우리에게 우리 날 계수함을 가르치사 지혜의 마음을 얻게 하소서."

3. 죽음 이후의 삶

죽으면 모든 것이 끝나지 않습니다. 세상의 삶이 다하면 육신은 흙으로, 영혼은 심판대를 거쳐 영원한 세계인 천국과 지옥으로 나누어 제각기 다른 길을 가게 됩니다.

마 25:45-46/ "이에 임금이 대답하여 가라사대 내가 진실로 너희에게 이르노니 이 지극히 작은 자 하나에게 하지 아니한 것이 곧 내게 하지 아니한 것이니라 하시리니 저희는 영벌에, 의인들은 영생에 들어가리라 하시니라."

죄와 저주, 사탄과 그 운명에 걸린 자는 세상에서 지옥 배경 가지고 살다가 죽어서는 구더기도 죽지 않는 곳, 불로써 소금 치듯 하는 곳에 들어가 영원히 고통을 받게 됩니다.

막 9:48-50/ "거기는 구더기도 죽지 않고 불도 꺼지지 아니하느니라. 사람마다 불로서 소금 치듯함을 받으리라 소금은 좋은 것이로되 만일 소금이 그 맛을 잃으면 무엇으로 이를 짜게 하리요 너희 속에 소금을 두고 서로 화목하라 하시니라."

그러나 이런 비참한 우리 인간을 위해 사랑의 하나님은 인간이 지옥에서 멸망하지 않고 천국에서 영원히 살 수 있도록 하나님 만나는 길, 천국 가는 길,

영원히 사는 길을 열어 주셨습니다. 그 길이 바로 "예수 그리스도"입니다.

"하나님이 세상을 이처럼 사랑하사 독생자를 주셨으니 이는 그를 믿는 자마다 멸망하지 않고 영생을 얻게 하려 하심이라."(요 3:16)

놀라운 사랑

아 8:6-7,
6, 너는 나를 인 같이 마음에 품고 도장 같이 팔에 두라 사랑은 죽음 같이 강하고 투기는 음부같이 잔혹하며 불같이 일어나니 그 기세가 여호와의 불과 같으니라
7, 이 사랑은 많은 물이 꺼치지 못하겠고 홍수라도 엄몰하지 못하나니 사람이 그 온 가산을 다 주고 사랑과 바꾸려 할지라도 오히려 멸시를 받으리라.

- 예수 그리스도의 아가페 사랑으로 범사에 승리합시다.

예수님께서 왜 이 세상에 오셨을까요? 사랑 때문입니다. 우리를 사랑하시기 때문에 오신 것입니다. 사랑이 없어 사랑 때문에 울부짖는 우리를 긍휼히 여기셔서 오셨습니다. 그러므로 그 무엇보다도 먼저 사랑을 회복하셔야 합니다.

인간이 회복되어야 할 사랑은 불변의 사랑, 영원한 사랑, 진솔한 사랑이어야 합니다. 그렇다면 그런 사랑이 어디에 있습니까? 예수 그리스도 안에 그 사랑이 있습니다. 주님은 사랑 그 이상의 사랑을 인류에게 하십니다.

예수님의 사랑은 진실로 참된 사랑입니다. 그 사랑은?
첫째, 죽음 같이 강합니다. 십자가의 사랑이 바로 그것입니다.
둘째, 불은 홍수가 나도 끄지 못합니다.
셋째, 세상의 그 무엇도 엄몰하지 못합니다.
넷째, 세상 속에서 그 무엇과도 바꿀 수 없고 포기할 수 없습니다.
다섯째, 공평무사하나 세상의 사랑은 투기 음부 같이 잔혹합니다.
여섯째, 세상의 사랑의 투기는 불 같이 일어나 이미 사랑의 실체를 상실하게 합니다.
일곱째, 그 투기는 그 기세가 여호와의 불과 같아 우리의 삶을 송두리째 불태워 망하게 합니다.

그런즉 우리 모두 영육 간에, 주님의 사랑을 도장같이 마음에 품고, 팔에 두르길 소망합니다. 우리 모두 삶의 범사에 영육 간에, 주님의 사랑의 불을 끄지 말고, 온 세상을 다 준다 해도 절대로 영생복락 주 예수 그리스도 아가페 사랑을 바꾸지 맙시다.

인류에게 십자가의 아가페 사랑으로 임한 주 사랑에 우리 모두 가슴을 열고, 주 사랑에 온 영 혼 육이 떨리고, 주 사랑의 그 깊고 큰 사랑, 오묘하며 표현할 수 없고, 형언할 수 없는 그 사랑으로 승리하는 복된 삶이 됩시다.

거룩한 씨

사 6:13,
그 중에 십분의 일이 아직 남아 있을지라도 이것도 황폐하게 될 것이나 밤나무와 상수리나무가 베임을 당하여도 그 그루터기는 남아 있는 것 같이 거룩한 씨가 이 땅의 그루터기니라 하시더라.

- 그리스도와 연합한 그대는 진정한 아브라함의 자손

성도는 아브라함의 축복의 상속자로서 자격을 부여 받았습니다. 이것은 단지 특별한 하나님의 축복을 받았다는 그 이상을 넘어 그대는 축복 그 자체라는 의미입니다.

창 12:2/ "네게 복을 주어 네 이름을 창대하게 하리니 너는 복이 될지라."

하나님께서 이 말씀을 하신 것은 단지 아브라함에게만 하신 것이 아니라 아브라함과 그의 씨에게 하신 것입니다. 우리는 이 시대에 거룩한 그루터기에서 새순이 돋아난 거룩한 씨가 되어 가정을 살리고 교회를 살리고 나라를 살리는 시대의 등불이 되어야 합니다.

갈 3:16/ "이제 그 약속들은 아브라함과 그의 씨에게 하신 것인데 많은 사람을 가리켜 씨들이라고 말씀하지 아니하시고 한 사람을 가리켜 너의 씨라고 말씀하셨으니 그는 그리스도시라."(킹제임스)

그 씨는 그리스도이시며, 새 피조물인 그대는 그리스도께 속한 자입니다. 그러므로 그대는 곧 아브라함의 씨입니다!

갈 3:29/ "너희가 그리스도의 것이면 너희는 아브라함의 씨요, 약속에 따른 상속자들이니라."(킹제임스)

사랑하는 이여, 그대는 영원한 진리의 전달자입니다.
이 땅의 모든 민족들이 그대 안에서 축복을 받을 것입니다.

노아의 시대에 온 인류를 물로 심판하실 때 노아의 8가족을 거룩한 씨로 남기셨습니다.
소돔과 고모라의 불로 심판하실 때 롯과 두 딸을 거룩한 씨로 남기셨습니다.
여호수아를 통해 가나안 정복하실 때는 기생 라합의 가족들이 거룩한 씨가 되었습니다.
그대가 거룩한 신앙을 통하여 가족을 살릴 수 있습니다.

고전 7:14/ "믿지 아니하는 남편이 아내로 말미암아 거룩하게 되고 믿지 아니하는 아내가 남편으로 말미암아 거룩하게 되나니 그렇지 아니하면 너희 자녀도 깨끗하지 못하니라 그러나 이제 거룩하니라."

'하나님의 축복이 있기를', 이렇게 말하면, 그 사람은 참으로 축복을 받았다고 할 수 있습니다. 그대와 교제하는 사람은 그 누구일지라도, 그대가 예수 그리스도께 속한 자라는 이유 때문에 그 사람들 역시 축복을 받게 될 것입니다.

- 그대는 하나님을 담고 있는 그분의 살아있는 성전입니다.

누가 그대를 어떻게 생각하든지 상관없이 하나님은 그리스도인 안에 사시며, 그분의 선하심을 베푸는 자로 사용하십니다. 필요나 곤경에 처한 사람은 그 누구일지라도 그대를 만나는 것만으로도 기적을 체험할 수 있습니다.

거듭난 그리스도인 영에 속한 그대는 보통 사람이 아닙니다! 세상(사람)들이 이 사실을 알게 된다면 그들의 모든 고통의 문제는 끝날 것입니다. 그렇지만 그대는 하나님을 지닌 자, 즉 사랑과 능력과 영광과 덕과 긍휼과 은혜의 영원한 진리의 전달자입니다.

고전 3:16/ "너희는 너희가 하나님의 성전인 것과 하나님의 성령이 너희 안에 계시는 것을 알지 못하느냐."

벧전 2:9/ "그러나 너희는 택하신 족속이요 왕 같은 제사장들이요 거룩한 나라요 그의 소유가 된 백성이니 이는 너희를 어두운 데서 불러내어 그의 기이한 빛에 들어가게 하신 이의 아름다운 덕을 선포하게 하려 하심이라."

주 예수여, 신실하게 - 진실하게 - 거룩하게 살게 하소서.

끝까지 남은 자만 구원의 영광을

사 10:21-22,
21, 남은 자 곧 야곱의 남은 자가 능하신 하나님께로 돌아올 것이라
22, 이스라엘이여 네 백성이 바다의 모래 같을지라도 남은 자만 돌아오리니 넘치는 공의로 훼멸이 작정되었음이라.

- 시대마다 남은 자들의 구원이 예비 되어 있습니다.

이 세상 사람들의 수가 비록 바다의 모래 같을지라도 오직 남은 자만 구원을 얻으리라. 이 땅에 하나님께서 믿음으로 의롭게 된 자들을 남겨둔 자가 없었다면 오늘의 이 시대도 소돔과 고모라와 같았으리라.

롬 9:27-30입니다.

27, 또 이사야가 이스라엘에 관하여 외치되 이스라엘 자손들의 수가 비록 바다의 모래 같을지라도 남은 자만 구원을 받으리니
28, 주께서 땅 위에서 그 말씀을 이루고 속히 시행하시리라 하셨느니라.
29, 또한 이사야가 미리 말한바 만일 만군의 주께서 우리에게 씨를 남겨 두지 아니하셨더라면 우리가 소돔과 같이 되고 고모라와 같았으리로다 함과 같으니라.
30, 그런즉 우리가 무슨 말을 하리요

의를 따르지 아니한 이방인들이 의를 얻었으니 곧 믿음에서 난 의요

1. 무릎을 꿇지 아니한 칠천 명을

만군의 여호와께서 바알(우상)과 불의한 권력자들에게 무릎을 꿇지 아니한 칠천 명을 남겨두셨도다.

엘리야 시대에 하나님께서 바알(우상)과 선지자들을 죽이고 제단을 헐어버리는 불의한 권세자들에게 무릎 꿇지 아니한 자 칠천을 남겨 두심 같이 지금도 은혜로 택하심을 따라 남은 자들이 있음이라

롬 11:2-5/ "하나님이 그 미리 아신 자기 백성을 버리지 아니하셨나니 너희가 성경이 엘리야를 가리켜 말한 것을 알지 못하느냐 그가 이스라엘을 하나님께 고발하되 주여 그들이 주의 선지자들을 죽였으며 주의 제단들을 헐어 버렸고 나만 남았는데 내 목숨도 찾나이다 하니 그에게 하신 대답이 무엇이냐 내가 나를 위하여 바알에게 무릎을 꿇지 아니한 사람 칠천 명을 남겨 두었다 하셨으니 그런즉 이와 같이 지금도 은혜로 택하심을 따라 [남은 자]가 있느니라."

2. 하나님의 안식에 들어갈 자

하나님의 안식에 들어갈 약속이 남아있을지라도 너희 중에 혹 들어가지 못할 자가 있을까 두려워하라 이미 믿는 우리들은 영원한 안식에 들어가는 도다.

히 4:1-3/ "그러므로 우리는 두려워할지니 그의 안식에 들어갈 약속이 남아 있을지라도 너희 중에는 혹 이르지 못할 자가 있을까 함이라 이미 믿는 우리들은 저 안식에 들어가는도다 그가 말씀하신 바와 같으니 내가 노하여 맹세한 바와 같이 그들이 내 안식에 들어오지 못하리라 하셨다 하였으나 세상을 창조할 때부터 그 일이 이루어졌느니라."

3. 그리스도의 십자가의 고난에 동참

육체의 고난을 받은 자들이 죄를 회개하고 죄를 그쳤음이라 그 후로는 다시 사람의 정욕을 따르지 않고 하나님의 뜻을 따라 성결을 지키며 육체의 남은 때를 살아감이라

벧전 4:1-3/ "그리스도께서 이미 육체의 고난을 받으셨으니 너희도 같은 마음으로 갑옷을 삼으라 이는 육체의 고난을 받은 자는 죄를 그쳤음이니 그 후로는 다시 사람의 정욕을 따르지 않고 하나님의 뜻을 따라 육체의 남은 때를 살게 하려 함이라 너희가 음란과 정욕과 술 취함과 방탕과 향락과 무법한 우상숭배를 하여 이방인의 뜻을 따라 성결을 행한 것은 지나간 때로 족하도다."

4. 남은바 죽게 된 것을 굳건하게

너는 일깨어 남은바 죽게 된 것을 굳건하게 하라 하나님 앞에서 너의 온전함을 보이라 사데교회에 의의 옷을 더럽히지 아니한 자가 몇몇 있으니 그는 흰옷을 입고 나와 함께 다니리니 그들은 내 마음에 합한 자들이기 때문이라 끝까지 이기는 자는 흰옷을 입을 것이요 생명책에 이름을 기록하고 내 아버지 앞과 천사들 앞에서 그를 시인하리라.

계 3:2-6/ "너는 일깨어 그 남은 바 죽게 된 것을 굳건하게 하라 내 하나님 앞에 네 행위의 온전한 것을 찾지 못하였노니 그러므로 네가 어떻게 받았으며 어떻게 들었는지 생각하고 지켜 회개하라 만일 일깨지 아니하면 내가 도둑 같이 이르리니 어느 때에 네게 이를는지 네가 알지 못하리라 그러나 사데에 그 옷을 더럽히지 아니한 자 몇 명이 네게 있어 흰 옷을 입고 나와 함께 다니리니 그들은 합당한 자인 연고라 이기는 자는 이와 같이 흰 옷을 입을 것이요 내가 그 이름을 생명책에서 결코 지우지 아니하고 그 이름을 내 아버지 앞과 그의 천사들 앞에서 시인하리라 귀 있는 자는 성령이 교회들에게 하시는 말씀을 들을지어다."

5. 주께서 강림하실 때에 들림 받는 자

예수 안에서 자는 자(죽은 자)들이 먼저 부활하여 영광 가운데 이끌려 올라가고 그 때까지 살아남은 자들은 주님의 거룩한 몸의 형체와 같이 변화시켜 영광 가운데 공중으로 이끌려 올라가서 어린양의 혼인잔치에 참여하게 되리라. 할렐루야!

살전 4:15-18/ "우리가 주의 말씀으로 너희에게 이것을 말하노니 주께서 강림하실 때까지 우리 살아남아 있는 자도 자는 자보다 결코 앞서지 못하리라 주께서 호령과 천사장의 소리와 하나님의 나팔 소리로 친히 하늘로부터 강림하시리니 그리스도 안에서 죽은 자들이 먼저 일어나고 그 후에 우리 살아남은 자들도 그들과 함께 구름 속으로 끌어 올려 공중에서 주를 영접하게 하시리니 그리하여 우리가 항상 주와 함께 있으리라 그러므로 이러한 말로 서로 위로하라."

6. 끝까지 견디는 자

"그러나 끝까지 견디는 자가 구원을 얻으리라."(마 24:13)

주의 은총을 크게 받은 자여, 우리 모두 이 험하고 악한 시대에 공중 권세 잡은 사탄, 마귀와 불의하고 불법한 세상 권세자들과 교회를 핍박하는 자들과 선한 영적 싸움에서 말씀과 기도와 찬송과 성령의 능력으로 승리하여 모든 시험을 이기고 끝까지 남은 자들이 되어 주님의 혼인잔치 날에 주님의 순결한 신부로서 영광 가운데 함께 찬송하며 감격 속에 기쁨으로 참예하자. 아멘. 할렐루야!

주님의 영광스런 구원의 날에 사랑하는 성도들과 형제와 자매는 나의 기쁨이요, 나의 자랑이요, 나의 면류관이 될 것이요, 나는 형제와 자매의 기쁨이요, 자랑이요, 면류관이 되리라.

이 시대에 남은 자여, 날마다 순간마다 주님의 고난당하신 십자가를 바라보며 온갖 시험과 환난과 핍박과 유혹 속에서도 끝까지 찬송하고 기도하며 말씀과 믿음으로 승리하자.

아멘. 주 예수여, 속히 오시옵소서. 마라나타-

'아멘'을 오용, 남용, 과용하지 말라

렘 28:6-7,

6, 선지자 예레미야가 말하되 아멘, 여호와는 이 같이 하옵소서. 여호와께서 네 예언대로 이루사 여호와의 집 기구와 모든 포로를 바벨론에서 이곳으로 다시 옮겨오시기를 원하노라

7, 그러나 너는 이제 내가 네 귀와 모든 백성의 귀에 이르는 이 말을 들으라.

- '아멘'은 필요한 때만 써야지 오용하거나 남용해서는 안 됩니다.

아멘(amen)은 '확실하다', '확실히', '진실한', '진실', '참으로', '참으로 그렇게 되기 바랍니다.'의 뜻을 가진 말입니다. 〈표준국어대사전〉에는 '기도나 찬송 또는 설교 끝에 그 내용에 동의하거나 그것이 이루어지기를 바란다는 뜻으로 하는 말'이라고 적혀 있습니다.

출석을 부를 때 '예' 대신 '아멘' 하거나, 설교 내용의 확인 또는 주의 집중을 위해 '아멘' 하라고 하는 것은 적절하지 않습니다. 목사나 회중을 대표하는 분의 기도, 목사님께서 선포하시는 말씀이 감동적이면 교우들의 입에서는 저절로 '아멘' 소리가 흘러나올 것입니다.

‘할렐루야’와 ‘아멘’은 필요한 때에 적절히 써야 은혜스럽습니다. 적절하지 않은 경우에 큰 소리로 ‘할렐루야’나 ‘아멘’을 외치는 것은 바른 표현이 아닐 뿐더러 믿지 않는 사람이나 초신자들에게 저항감을 줄 수도 있음을 잊지 말아야 합니다.

어떤 목사님이 말하기를 한국 교회가 살기 위해서는 ‘아멘’이 없어져야 한다고 극단적으로 표현했습니다. ‘아멘’은 ‘진실로 그렇게 되기를 원한다’는 뜻입니다. 동의한다, 하나님의 말씀에 순종한다는 뜻입니다. 그러므로‘아멘’ 신앙만큼 아름다운 신앙이 없습니다. 하나님의 말씀에 무조건 순종한다는 뜻이 들어 있기 때문입니다. 이처럼 ‘아멘’에는 하나님의 말씀을 존중한다는 뜻이 들어 있습니다.

그런데 이 목사님은 왜 ‘아멘’이 없어져야 한국교회가 살 수 있다고 하셨을까요? 아마도 ‘아멘’의 부정적인 요소 때문일 것입니다. ‘아멘’이 아름답고 좋은 뜻이고, 하나님의 말씀에 대한 인간의 순종의 반응이지만, 그런 좋고 아름다운 기능이 악용되었거나 사라졌기 때문입니다. 한국교회에서 왜 ‘아멘’이 오용되었을까요? 그것은 ‘무조건’이라는 단어에서 찾을 수 있습니다.

하나님의 말씀에 대해 무조건 ‘아멘’하는 것은 아무 문제가 없지만 하나님의 말씀이 아닌 목사의 설교에서 ‘무조건’ ‘아멘’을 사용하도록 강요한 것에는 문제가 있습니다. 목사들의 설교를 ‘아멘’으로 받아들이는 것까지는 할 수 있다고 봅니다. 사람의 설교가 모두 하나님의 말씀은 아니다. 사람의 설교도 잘못될 수 있습니다. 아니 하나님의 말씀에서 많이 진리에서, 복음에서 벗어난 설교일 수도 있습니다.

나아가서, 설교가 아닌 목사의 말에도 '아멘'을 하게 한 것도 문제입니다. 일부는 자신들의 계획과 뜻을 관철시키려고 무조건 '아멘'으로 응답하도록 하였습니다.

뿐만 아니라 한국교회에서는 '아멘'을 시도 때도 없이 무분별하게 하므로 듣는 사람에게 거부감을 주고 이에 대한 부작용은 목사들의 잘못이나 말에 대해 성도들이 반론을 제기할 기회가 사라졌습니다. 또한 목사의 말에만 '아멘'을 하게 함으로 다른 내용(책이나 강의 등의 지식)을 멀리하도록 하는 결과도 낳았습니다. 즉, 성도들의 무지와 맹목주의를 낳았다는 것이다. 이는 반 지성주의이며, 권위주의의 산물이 되었다. 그리고 기복신앙의 기초가 되었습니다.

한국교회의 큰 문제점은 '반지성주의', '맹목주의 신앙', '권위주의', '기복주의'라고 할 수 있는데, 이런 결과를 가져온 것이 바로 '아멘' 만을 외치게 하는데 뿌리를 두고 있습니다. 그런 결과로 성도들은 공부하려고 하지 않습니다. 그저 설교만 들으면 다 된다고 생각하는 경향이 있습니다. 성도들은 깊이 생각(묵상)을 하려 하지 않는다. 그저 목사들의 설교에 '아멘'만 하면 되기 때문입니다.
성도들은 복잡한 것을 싫어하고 목사들이 정해준대로만 따라가기를 원합니다. 하나님께서 주신 '이성'이 거의 작동되지 않는다. 그저 목사들의 목회에 맹종하는 것에 익숙해 있습니다. 성경공부를 해도 목사들의 가르침만 있지 진지한 토론이 적습니다. 이 모두가 '아멘'신앙의 부작용이라고 할 수 있습니다.

예레미야 선지자는 거짓 선지자 하나냐의 예언에 '아멘'하고 응답하였습니다. '아멘'의 순기능을 활용한 것입니다. 즉, 하나냐가 했던 예언은 이스라엘이 회복하는 것이었습니다. 이것에 대해 예레미야는 '아멘'이라고 응답하였지만 그것에서 끝나지 않았습니다.

예레미야는 '아멘'을 외치고 나서 하나냐의 예언의 말씀의 진실여부에 대해서 따져보아야 한다고 했습니다. 즉, '아멘'신앙의 아름다운 모습을 가지고 있었으면서 '아멘'의 잘못된 부분에 대해서는 따져 물었던 것입니다. 그저 '아멘' 하고 끝난 것이 아니라 하나냐 선지자의 잘못된 예언에 대해서는 분명하게 지적하였습니다.

오늘날 한국교회도 '아멘'신앙의 아름다움을 지켜야 합니다. 하나님의 말씀에 대한 순종과 존경의 표시로 '아멘' 을 외쳐야 합니다. '아멘' 신앙을 지켜야 하지만 잘못된 '아멘'의 외침은 과감하게 버려야 합니다. 그것이 한국교회의 타락의 근본이 되기 때문입니다.
'아멘' 신앙의 좋은 점만 유지하고 잘못된 것에서 벗어나기 위해서 성도들은 복음의 진리 안에서 성숙한 그리스도인이 되어서. 지나치지 않도록 균형 잡힌 신령한 그리스도인이 되었으면 합니다.

사비브 사비브, 보호

겔 40:16,
문지기 방에는 각각 닫힌 창이 있고 문안 좌우편에 있는 벽 사이에도 창이 있고 그 현관도 그러하고 그 창은 안 좌우편으로 벌여있으며 각 문 벽 위에는 종려나무를 새겼더라.

1. 사비브의 기본형은 사바브로 주로 '둘러싸다'의 의미

1) 두르다

신 32:10/ "여호와께서 그를 황무지에서 짐승의 부르짖는 광야에서 만나시고 호위하시며"
(사비브)보호하시며 자기 눈동자 같이 지키셨도다.

2) 주위를 둘러싸고 흐르다

창 2:11.13/ "첫째의 이름은 비손이라 금이 있는 하윌라 온 땅에 드렸으며(사비브)
둘째 강의 이름은 기혼이라 구스 온 땅에 둘렸고(사비브)"

2. (사바브)에서 파생된 (사비브)의 뜻은

1) 주위를 두르어(어떤 대상, 주변을) 돌아가며

출 25:11,24, 28:33 37:11, 39:25, 25:11,

"너는 정금으로 그것을 싸되 그 안팎을 싸고 윗가를 돌아가며(사비브) 금테를 두르고"

2) 사방에 주위를

출 16:13. 27:17. 28:32. 29:16. 20. 30:3. 37:12. 38:16. 31.20. 39:23. 40:8. 33,

출 16:13, 아침에는. 이슬이 전 사면에(사비브) 있더니

출 30:3, 단 상면과 전후좌우(사비브) 금테를 두를 지며

3) 호위하다

왕하 11:11

"호위병이 각각 손에 병기를 잡고 왕을 호위하되(사비브)"

3. (사비브)가 두 번 이상 사용되는 경우는(사비브 사비브)

히브리어는 같은 단어나 유사 발음의 반복을 통해 그 의미를 강조하거나 중요한 교훈을 전달합니다.

(사비브)가 두 번 사용되는 경우에는

"둘러싸고 둘러싸다", "포위하고 포위하다", "감싸주고 감싸주다" 라는 뜻으로 완전하고 강력하게 둘러싼 절대 보호의 의미를 가집니다.

(사비브 사비브)는 유독 에스겔 성전에 집중적으로 총25번 사용되는

데 에스겔 성전에서 가장 많이 등장하는 숫자가 25라는 점과 신비로운 일치를 이룹니다.

"사면으로", "사방으로"의 의미로 사용된 경우

- 겔 40:5/ "내가 본즉 집 바깥 사면으로(사비브 사비브) **담이 있더라 그 사람의 손에 척량하는 장대를 잡았는데 그 장이 팔꿈치에서 손가락에 이르고 한 손바닥 넓이가 더한 자로 육척이라 그 담을 척량하니 두께가 한 장이요 고도 한 장대며"**

- 겔 40:14/ "그가 또 현관을 척량하니 광이 이십 척이요 현관 사면이(사비브 사비브) **뜰이 있으며"** 외 8회(겔 40:30. 43. 41:12. 17.19.42:15.20. 46:23)

"좌우로", "사면에"의 의미로 사용된 경우

- 겔 40:16/ "문지기 방에는 각각 닫힌 창이 있고 문안 좌우에(사비브 사비브)**있는 벽 사이에도 창이 있고 그 현관도 그러하고 그 창은 좌우편으로**(사비브 사비브)**별여 있으며 각 문 벽 위에는 종려나무를 새겼더라."**

외 8회(겔 40:17. 25. 29.33. 36. 41:5.8.16)

(사비브)를 세 번 반복해서 사용된 경우(골방에 대한 구절에서만)

- 겔 41:6/ "골방은 삼 층인데 골방위에 골방이 있어 모두 삼십이라 그 삼면(사비브 사비브 사비브) **골방이 전 벽 밖으로 그 벽에 의지하였고 전 벽 속은 범하지 아니하였으며"**

- 겔 41:10/ "전 골방 삼면에(사비브 사비브)**광이 이십 척 되는 뜰이 둘러 있으며"**

"두르다" "주위" 의 의미로 사용된 경우.

- 겔 41:7/ "이 두루(사비브 사비브)**있는 골방이 그 층이 높아갈수록 넓으므로.**

전에 둘린 이 골방이 높아갈수록 전에 가까워졌으나 전의 넓이는 아래위가 같으며 골방은 아래층에서 중층으로 윗층에 올라가게 되었더라."

-겔 41:11/ "그 골방문은 다 빈터로 향하였는데 한 문은 북으로 향하였고 한 문은 남으로 향하였으며 그 둘려 있는 (사비브 사비브)빈 터의 광은 오척이더라."

-겔 43:12/ "전의 법은 이러하니라 산꼭대기 지점의 주위는(사비브 사비브) 지극히 거룩하리라."

에스겔 성전에 "(사비브 사비브)"가 집중적으로 등장하는 것은 하나님께서 에스겔 성전을 거룩하게 온전히 보호하신다는 의미입니다.(겔 42:20)
성도 역시 하나님께 온전히 보호받는 거룩한 성전입니다.(고전 3:9. 16, 6:19)

힘써 여호와를 알자

호 6:1-3,

1, 오라 우리가 여호와께로 돌아가자 여호와께서 우리를 찢으셨으나 도로 낫게 하실 것이요 우리를 치셨으나 싸매어 주실 것임이라

2, 여호와께서 이틀 후에 우리를 살리시며 셋째 날에 우리를 일으키시리니 우리가 그의 앞에서 살리라

3, 그러므로 우리가 여호와를 알자 힘써 여호와를 알자 그의 나타나심은 새벽빛 같이 어김없나니 비와 같이, 땅을 적시는 늦은 비와 같이 우리에게 임하시리라 하니라.

- 창조주 하나님은 인생들을 살피시고 싸매시며 살리시는 분이시라.

창조주 하나님을 세세무궁토록 찬양합니다. 창조주 하나님은 우리를 살리시는 분이십니다. 병에서 살리시고, 가난에서 살리시고, 환난에서 살리시는 하나님이십니다. 더욱 더 하나님을 찬양합니다.

창조주 하나님은 우리를 부르십니다. **"오라 우리가 여호와께로 돌아가자 여호와께서 우리를 찢으셨으나 도로 낫게 하실 것이요 우리를 치셨으나 싸매어 주실 것임이라."**

인생들을 왜 부르십니까? 살리기 위하여 부르십니다. 죄악으로 인하

여 하나님을 떠남으로 우리는 징계를 받습니다.

그러나 우리를 부르시는 하나님은 인생들을 부르사, 찢으셨으나 도로 낫게 하십니다. 치셨으나 싸매어 주십니다. 참으로 좋으신 하나님이십니다. 또한 하나님은 우리를 살리시고 일으키십니다. 우리를 살리시고 일으켜 세우셔서 온전한 사람으로 살게 하시는 하나님이십니다.
"여호와께서 이틀 후에 우리를 살리시며 셋째 날에 우리를 일으키시리니 우리가 그의 앞에서 살리라."
"그러므로 우리가 여호와를 알자 힘써 여호와를 알자 그의 나타나심은 새벽빛 같이 어김없나니 비와 같이, 땅을 적시는 늦은 비와 같이 우리에게 임하시리라 하니라."

창조주 하나님을 알아야 합니다. 하나님을 힘써 알아야 합니다.
우리를 부르시는 하나님은 우리에게 임재하십니다. 우리에게 나타나신 하나님은 새벽빛 같습니다. 새벽을 만나면 어둠은 물러가고 동녘에서 떠오르는 태양의 빛을 만납니다. 그 빛은 온천지 만물을 깨워줍니다. 이처럼 하나님의 빛은 우리의 삶을 새롭게 하고 깨워 새날을 시작하게 하십니다.

요즘은 자주 돌풍과 비가 내립니다. 봄비입니다. 대지를 완전히 녹이고, 새싹들이 확실하게 나타나도록 하는 다정다감한 은혜의 비입니다. 땅을 적시는 늦은 비처럼 창조주 하나님은 우리에게 임재하십니다. 그리하여 우리를 살아나게 하시고 살게 하시고 일어나 새로운 삶을 출발하게 하십니다.
고난 중에 만난 하나님은 그에게 새 생명을 주었고 살아나 거룩한 사역에 삶을 바치게 한 것입니다. 오늘의 성경은 이렇게 강조합니다. 고난을 당하면 혹 죄 때문인가 하나님의 징계인가 생각하는 경향이 있습니다. 그런데 창조주 하나님은 고난당하면 하나님께로 오라고 하십니다.

하나님께서 찢으셨다면 도로 낫게 하기 위하여 부르십니다. 하나님께서 치셨다면 싸매어 주시기 위하여 부르십니다. 그런즉 죽음 같은 고난 가운데 있다면 우리를 살리기 위하여 부르시는 하나님께로 나아가야 합니다. 삶의 범사 가운데 절망하지 말고, 하나님의 품에 안겨야 합니다. 그때, 성령님으로 거듭나게 하십니다. 거듭남으로 삶이 변화됩니다 새로운 삶으로 새 힘을 얻어 새롭게 승리의 길을 가게 됩니다.
한 젊은이가 어머니의 마음을 상하게 하고 아내를 괴롭게 했습니다.
그는 직장을 얻으면 얼마 못가서 그만 두고 술 취하여 노름으로 세월을 허송하는 것이었습니다.
가족들은 그를 그런 죄에서 건져내려고 애썼으나 그럴 때마다 그는 항상 죄 된 옛 생활에 다시 빠지곤 했습니다.

그가 어느 날 그리스도인 친구에게 남아메리카로 가서 새 생활을 시작하고 싶다고 말하자 그 친구가 말했습니다. “자네가 그곳에 가서 맨 먼저 만날 사람은 바로 자네 자신일세. 옛날의 습관과 죄들이 그곳에서 자네와 함께 있을 것이야. 외적인 상황도 새로운 환경도 자네를 도와주지 못하네.
하지만 승리를 얻을 수 있는 길이 오직 하나 있어. 주 예수 그리스도를 통하는 길이지."
그리스도인인 친구의 이야기는 불쌍한 친구의 마음을 화살처럼 꿰뚫었습니다. 그는 죄에서 구원을 얻고, 승리하기 위하여 예수 그리스도를 믿었으며, 하나님께서 그를 고치셔서 새 사람이 되었습니다.
창조주 하나님의 은혜가 그를 거듭나게 하였습니다.

그렇습니다.
창조주 하나님의 형상으로 지음 받은 우리들의 영, 혼, 육이 하나님의 형상을 회복하고 거듭날 때만이 우리의 삶이 변할 수 있습니다.
그러므로 창조주 하나님을 힘써 알아야 합니다. 하나님은 이른 비와 늦은 비로 우리에게 임재하셔서 축복하시는 하나님이십니다.
결코 우리를 고난 중에 내버려두지 않으시고 건지시고 축복하시는 하나님이십니다.
하나님을 바로 알고. 바로 믿고. 바로 살아서 우리 모두 영육간 더욱 더 새롭게 거듭남의 새 생활이 되어, 온전한 영생복락의 형통함을 마음껏 받아 누리는 삶이되기를 예수님의 이름으로 축복합니다.

이제라도 회개하라

요엘 2:12-13,
12, 여호와의 말씀에 너희는 이제라도 금식하고 울며 애통하고 마음을 다하여 내게로 돌아오라 하셨나니
13, 너희는 옷을 찢지 말고 마음을 찢고 너희 하나님 여호와께로 돌아올지어다. 그는 은혜로우시며 자비로우시며 노하기를 더디 하시며 인애가 크시사 뜻을 돌이켜 재앙을 내리지 아니하시나니

- 회복의 은혜

우리 모두 하나님의 은혜를 회복하고, 하나님께서 베풀어주시는 은혜의 열매를 풍성하게 거두기를 소망합니다. 말씀을 믿음으로 읽고 순종하는 심령에 하나님께서 역사하시고 기적을 베풀어 주심을 믿습니다. 그런즉 하나님의 말씀을 선포하는 대로 역사는 일어납니다. 그러므로 말씀을 들을 때, 믿음으로 순종하며, 감사함으로 듣기를 소망합니다.

인간의 삶의 범사에 문제없는 사람은 없습니다. 문제를 감추고 피하는 사람은 해답이 없습니다. 하나님께서 말씀하여 주실 때 강단에서

말씀이 선포될 때 하나님의 음성으로 받아 아멘 하는 사람은 응답이 임합니다. 그런즉 오늘 우리 모두 더욱 회복할 것을 회복하여 하나님의 은혜 가운데 승리하는 생활로 새로운 가을을 출발하기를 주의 이름으로 축원합니다.

우리는 무엇을 회복해야만 합니까?

1. 영을 회복합시다

사람은 하나님의 형상으로 창조된 피조물입니다. 하나님의 속성을 가지고 이 세상에 태어났습니다. 그러므로 인간이 그리스도의 영이 없으면 살아있으나 죽은 자와 같습니다. 따라서 그리스도의 사람으로 하나님의 자녀로 우리는 더욱더 회복되어야 합니다. 그러면 범사에 기쁨이 있는 신앙생활을 하게 됩니다. 그런즉 오늘 우리 모두가 더욱 기쁨이 있는 신앙을 회복하기를 소망합니다.
하나님의 은혜를 힘입어 웃고 지냅시다.
웃을 때 근심이 사라집니다.
웃을 때 문제가 사라집니다.
웃을 때 암병도 쏟아져 버려집니다.
그리고 진정한 기쁨은 성령의 불이 임하여야 옵니다. 이처럼 살아있는 신앙생활을 하는 사람이 기도하면 응답이 옵니다. 응답받고 사는 생활이 이루어집니다. 더욱 영을 회복하여 승리하기를 바랍니다.

2. 건강한 몸을 회복합시다

하나님은 인생뿐 아니라 우주 삼라만상을 다 창조하셨습니다. 하나님께서 만드셨으니 고장 나면 하나님이 책임지십니다. 고장 난 물건은 만든 곳을 가면 애프터서비스를 받을 수 있습니다. 이처럼 우리들 생의 문제는 나를 지으신 하나님에게로 가져가면 건강을 회복합니다. 병은 고침을 받게 됩니다.

건강한 몸이 되려면 병든 나의 몸에 하나님의 살아있는 말씀이 들어가면 됩니다. 말씀이 들어가면 관절을 찔러 쪼개고 치료하는 역사가 일어납니다. 말씀은 운동력이 있습니다.

주님, 오늘 여기 계시오니 분명히 건강한 삶을 회복시켜 주시리라 확신합니다.

- 그러면 어떻게 우리들이 영과 혼과 육의 삶을 회복할 수 있습니까?

1. 성회를 열어라 하십니다.(2:14,15)
2. 금식일을 정하라 하십니다.
3. 누구든지 불러 모으라 하십니다.(2:16)
4. 여호와께 부르짖으라 하십니다.(2:14)
5. 마음을 찢고 여호와께로 돌아와 회복하라 하십니다.(2:12-13)

범사가 은혜 받고 회복되기 위하여 열심을 다하여 모여야 합니다. 성회를 열어야 합니다. 모여서 찬송 부르다가 병이 낫고 기적을 체험합니다. 모여서 기도하다가 통성으로 부르짖다가 응답받고 능력을 받습니다. 그런즉 누구든지 불러 모아야 합니다.

주의 이름으로 모이기를 힘써야 합니다. 남녀노소 빈부귀천이 없습니다. 하나님은 모든 영혼이 구원받기를 원하십니다. 그래서 기도가 회복이 되고 감사가 회복이 되고, 가정이 회복이 되고, 나라와 민족이 회복되기를 원합니다.

십자가는 "끝났다."는 표입니다. 십자가에서 죄가 끝났습니다. 문제가 끝났습니다. 병도 끝났습니다. 병 끝, 마귀 끝, 죄 끝, 시험 끝, 염려 끝, 걱정 끝 모든 것이 끝입니다. 끝의 현장이 십자가입니다.

이 끝을 위하여 부르짖어야 합니다. 부르짖는 것은 입이 열려야 합니다. 입에서 감사가 열리고, 찬송이 열리고, 기도가 열려야 합니다. 귀가 열려야 합니다. 마귀의 미혹을 분별하는 귀가 열려야 합니다. 하나님의 음성을 듣는 귀가 열려야 합니다. 눈이 열려야 합니다. 하나님의 세계를 보는 눈이 열려야 합니다. 하나님의 능력이 임하는 것을 보는 눈이 열려야 합니다.

주께 부르짖으면 은혜가 임합니다. 은사가 임합니다. 기적의 하나님이 임합니다. 불이 났으면 소리쳐야 합니다. 물에 빠졌으면 소리쳐야 합니다. 그런즉 흑암의 세력들 앞에 영육이 소리 없이 죽어가게 두지 말고 신앙인은 목청껏 소리쳐야 합니다. 신앙인이 은혜를 도적맞고도 가만있고, 능력이 떨어졌는데도 가만있고, 하나님의 음성이 들리지 않는데도 가만있으면 점점 더 캄캄한 어둠 속으로 그냥 버려지는 존재가 될 것입니다.

그러나 부르짖으면 도적은 물러갑니다. 사단 마귀 흑암의 세력은 정복됩니다. 그러므로 이제 마음을 찢어 하나님께로 더욱 더 범사를 돌이킵시다. 그러면 주께서 모든 범사를 승리로 평강으로 넉넉함으로 회복시켜 주실 것입니다.

하나님에게로 돌아와 자신을 찢읍시다.
옷을 찢지 말고 마음을 찢읍시다.
내 속에 있는 나의 생각, 나의 방법, 나의 지식, 나의 경험, 나의 인색, 나의 고집, 나의 혈기, 나의 음란, 나의 욕심을 찢어버립시다.
죽기를 각오하고 주 앞에 세상 정욕적 모든 범사를 찢으면 문제는 해결됩니다.

하나님은 우리 모두가 믿음에 큰 사람으로 회복되기를 원하십니다.
이 시대에 세상 탐욕의 늪에 버려진 수많은 영혼을 하나님에게로 인도하는 사명자로 우리들 믿음이 더욱더 회복되기를 주님은 원하십니다. 하나님은 우리가 말씀을 들을 때 역사하사 문제를 해결하여 주시고 회복시켜 주시고 큰 기적이 우리의 삶 속에 일어나도록 역사하십니다.
참 그리스도 영을 회복하여 믿음생활에 놀라운 역사가 일어나고 육이 회복되어 건강한 삶이 이루어지기를 소망합니다. 하나님께 가장 사랑받는 능력의 사람이 되어 사단마귀 흑암의 세력을 정복하고 세상 모든 사람들을 더욱더 주께로 인도하는 참 빛의 온전한 승리자 되기 주의 이름으로 축복합니다.

그대는 심판자로 오실 주님을 맞이할 온전한 신부가 되었는가?

나를 잠잠히 사랑하시네

습 3:17,
너의 하나님 여호와가 너의 가운데 계시니 그는 구원을 베푸실 전능자시라 그가 너로 인하여 기쁨을 이기지 못하여 하시며 너를 잠잠히 사랑하시며 너로 인하여 즐거이 부르며 기뻐하시리라 하리라.

하나님의 사랑, 신기하고 놀라운 사랑,
그대는 사랑받기 위해 존재합니다.

영광의 보좌에 계신 하나님 아버지께서 나를 지극히 사랑하사 은혜로 구속해 주신 아름다운 이 하루를,
주님만 바라보며
주님만 생각하며
주님을 찬양하며
주님께 감사하며
주님만 사랑하며
주님과 동행하며 승리하세요.

나의 삶을 에워싸는 주님의 한없는 크신 은혜 안에서 주님의 사랑을 받는 기쁨과 설렘으로 값진 이 하루를 주님 마음에 들도록,

정직하게 살리라

성실하게 살리라

겸손하게 살리라

진실하게 살리라

주님의 사랑을 나누라

자비를 베풀며 살리라

값지고 보람되고 충성된 삶과 승리의 삶으로 아름답게 살아가리라 마음 깊이 다짐함이라. 이제 나의 삶은 나의 삶이 아니요 내 안에 살아 역사하신 그리스도의 삶이라.

갈 2:20/ "내가 그리스도와 함께 십자가에 못 박혔나니 그런즉 이제는 내가 사는 것이 아니요 오직 내 안에 그리스도께서 사시는 것이라 이제 내가 육체 가운데 사는 것은 나를 사랑하사 나를 위하여 자기 자신을 버리신 하나님의 아들을 믿는 믿음 안에서 사는 것이라."

내게 주어진 이 하루도 하나님께서 즐거워하시고 잠잠히 기뻐하시도록 살리라. 오늘도 주께서 나를 보시고 잠잠히 기뻐하시도록 말씀에 순종하며 충성하며 생명을 구원하는 열매 맺으며 착하게 의롭게 진실하게 살며 값진 아름다운 삶을 나를 크게 기대하시는 하나님께 온전히 드리리라.

심판주 하나님께서 이 세상을 살펴보시고, 성령에 속한 자와 악영에

속한 자 간에, 의로운 자와 악한 자 간에, 정의로운 자와 불의한 자 간에, 각기 자기가 행한 대로 공의와 정의로 반드시 심판하시리로다.

오늘의 나의 삶이 하나님 아버지께 기쁨과 즐거움과 영광이 되게 하옵소서.

믿음 안에서 사는 삶

합 2:3-4,
3, 이 묵시는 정한 때가 있나니 그 종말이 속히 이르겠고 결코 거짓되지 아니하리라 비록 더딜지라도 기다리라 지체되지 않고 정녕 응하리라
4, 보라 그의 마음은 교만하며 그의 속에서 정직하지 못하니라 그러나 의인은 그 믿음으로 말미암아 살리라.

- 말씀을 묵상하며 기도하여 석유의 왕이 된 록펠러

성경 속에 그리고 역사 속에 믿음의 거장들이 증거 하는 축복의 삶이 내 것이 되어야지 바라만 보아서는 안 됩니다. 한번뿐인 이 세상에서 생활 속에 나에게도 하나님의 영광의 그 빛이 나타나게 하시기를 원합니다.

억만장자인 존 D. 록펠러의 이야기입니다.

그는 한때 친구의 권유로 광산업을 시작했다가 사기를 당해 원금까지 모두 날려버리는 위기를 당한 적이 있었습니다. 빚 독촉에 시달리던 그는 너무 괴로운 나머지 자살을 생각하기도 했습니다.

기업을 시작할 때부터 철저한 십일조 생활을 해온 록펠러는 황량한 폐광 바닥에 엎드려 통곡하며 기도했습니다. "하나님의 말씀은 일점 일획도 틀림없음을 믿습니다. 저는 지금까지 온전한 십일조를 드려왔습니다. 그런데 왜 이런 시련을 주십니까? 하나님이 살아계심을 보여 주십시오." 그때 마음 속 깊은 곳으로부터 들려오는 위로의 음성이 있었습니다. "때가 되면 열매를 거두리라. 더 깊이 파라."

1870년에 록펠러는 동업자들과 함께 오하이오주의 클리블랜드에서 스탠더드 오일(Standard Oil)이란 회사를 설립했습니다.
이 회사의 중역 가운데 신앙이 돈독한 사람이 있었습니다. 그 사람이 성경을 읽다가 출애굽기를 읽는 가운데 무언가 그의 머릿속을 번개같이 스쳐 지나가는 것이 하나 있었습니다.

출 2:1-3/ "레위 가족 중 한 사람이 가서 레위 여자에게 장가들어 그 여자가 임신하여 아들을 낳으니 그가 잘 생긴 것을 보고 석 달 동안 그를 숨겼으나 더 숨길 수 없게 되매 그를 아기를 위하여 갈대 상자를 가져다가 역청과 나무진을 칠하고 거기 담아 나일강가 갈대 사이에 두고"

'역청'은 유전에서 석유가 오랜 시간 동안 휘발하면서 자연적으로 생겨나는 것으로 가연성 액체 탄화수소, 즉 석유의 일종으로 영어로 피치(pitch)라고 합니다. 그는 모세의 어머니가 역청을 구할 수 있었다면 바로 그곳에서 기름이 날 것이 틀림없다고 판단했습니다.
찰스 휘샤트라는 지질학자를 이집트로 보내 조사하게 했습니다. 그 결과, 그곳에서 커다란 유전이 있다는 것을 발견하게 되었습니다. 그러나 파도파도 석유는 금방 나오지 않았고, 회사는 더 어려워졌습니다. 사람들은 그가 제 정신이 아니라고 수군거렸습니다.

그러나 록펠러는 '더 깊이 파라고 하신 주님의 음성을 기억하고' 더 깊이 파기 시작했습니다. 그러던 중에, 갑자기 검은 물이 분수처럼 공중으로 솟구쳤습니다. 이 유전으로 그는 근대 미국 역사상 가장 부유한 사람이 되었고, 스탠더드 오일(Standard Oil) 회사는 이집트에서 독점적으로 기름을 뽑아내며, 1890년 기준으로 미국 내 88%의 시장점유율을 기록했다고 합니다.

요 11:40/ "예수께서 이르시되 내 말이 네가 믿으면 하나님의 영광을 보리라 하지 아니하였느냐 하시니"

우리는 항상 '믿음'을 말합니다. 그런데 과연 무엇을 믿으며 살고 계신가요? 믿음으로 산다는 것은 무엇일까요? '하나님이 그냥 무조건 나를 다 지켜 주실 것이다.' 하는 막연한 생각인가요? 많은 사람들은 예수님만으로 만사형통이라고 생각하지만 그런 식의 믿음은 성경적이 아닙니다.

세상 사람과 마찬가지로 크리스천도 고난을 받습니다. 크리스천들도 교통사고를 당하고, 아프기도 하고, 사기도 당하고, 사랑하는 사람을 잃기도 합니다.

히 116/ "믿음이 없이는 하나님을 기쁘시게 하지 못하나니 하나님께 나아가는 자는 반드시 그가 계신 것과 또한 그가 자기를 찾는 자들에게 상 주시는 이심을 믿어야 할지니라."

사업을 하려면 자본이 있어야 합니다. 자본이 모자라면 기업도 부도가 나는 겁니다. 믿음은 성도의 자본이요. 자산이요. 자원입니다. 우리는 절대 믿음의 부도가 나지 않아야 합니다. 온전한 신앙생활은 믿음이 절대적입니다.

하나님은 믿음 있는 자를 불러 시대마다 일꾼으로 쓰셨으며, 고난을 통과한 사람을 축복하십니다. 그의 믿음을 축복하셨습니다.

예수님은 병자의 믿음을 보시고 고쳐주시고 또 믿음을 보시고 기적도 행하셨습니다. 믿음이 없이는 하나님을 기쁘시게 할 수 없습니다.

그렇다면 세상 사람과 그리스도인이 무엇이 다를까요?

우리가 세상 사람과 다른 점은 고난이 면제되거나 경감된다는 점이 아니라 믿음을 통해 그것을 이길 힘을 받을 수 있다는 점입니다. 성경은 우리에게 믿는 자들이 겪을 수 있는 수많은 고통과 연단, 그리고 눈물을 이야기합니다.

세상 속에서 빛으로 살아가는 것에 대한 어려움과 육신의 곤고함으로 평생을 싸우는 자들의 이야기를 들려줍니다. 성경은 하나님 안에서 사는 기쁨과 구원의 소망을 이야기하며, 그것이 세상이 주는 아픔과 고통을 넘어서는 것임을 보여줍니다.

또 생명의 면류관을 얻기까지 싸우는 선한 싸움을 통해 하나님의 자녀로서 세상을 살아가는 모습을 보여주며 결국 세상을 이기는 승리의 삶을 얻게 된다는 사실을 알려줍니다.

"그가 나의 길을 아시나니 그가 나를 단련하신 후에는 내가 정금 같이 나오리라. 오직 의인은 믿음으로 살리라."

모든 병을 치료하시는 분

말 4:2,
내 이름을 경외하는 너희에게는 의로운 해가 떠올라서 치료하는 광선을 발하리니 너희가 나가서 외양간에서 나온 송아지 같이 뛰리라.

- 창조주 하나님은 인생에게 생사화복의 주관자

지금까지 의사를 믿고 몸을 맡기고 약을 의지하여 시간 맞추어 약을 복용하였는데, 이제는 믿을 분은 오직 예수님이십니다. 만병의 치료자 되시는 주님을 찾지 않은 죄를 회개하고, 주님께로 돌아가는 기회가 되어야 합니다.

시 30:2/ "여호와 내 하나님이여 내가 주께 부르짖으매 나를 고치셨나이다."

부르짖는 기도운동으로 병마와 싸워 승리하시기를 축복합니다.

모든 문제에는 해답이 반드시 있습니다. 그 해답이신 예수 그리스도를 자신의 구원의 주님으로 영접하여 꼭 인격적으로 만나시기를 축복합니다.

마 9:35/ "예수께서 모든 성과 촌에 두루 다니사 저희 회당에서 가르치시며 천국복음을 전파하시며 모든 병과 모든 약한 것을 고치시니라."

시 30:5/ "그의 노염은 잠깐이요 그의 은총은 평생이로다 저녁에는 울음이 깃들일지라도 아침에는 기쁨이 오리로다."

하나님은 인생이 건강하게 살 수 있도록 창조하셨습니다. 하나님의 형상으로 피조 된 하나님 피조물인 인생이 태어날 때부터 건강하게 살 수 있게 설계하셨답니다. 그런데 왜 병이 듭니까? 인류의 시조인 아담과 하와가 범죄 하여 에덴동산에서 쫓겨났기 때문입니다. 그런즉 저주 아래 떨어졌기 때문입니다 그러므로 저주 아래 사는 인생에게 고통이 찾아옵니다. 그리하여 병들게 되었습니다.

사람이 병드는 것은 신학적으로는 하나님의 뜻을 거역하여 저주 아래 떨어졌기 때문입니다. 의학적으로 보면 인생의 체내에 어떤 세포가 그 기능을 완전하게 수행하지 못하면 병이 든답니다. 어떤 세포가 기능을 완전히 못하게 되었다는 것은 세포의 기능을 조정하고 지배하는 유전자 DNA가 고장 났다는 말과 동일합니다.

그런데 창조주 하나님께서는 우리의 유전자가 고장을 스스로 수리할 수 있게 창조하였답니다. 고장이 생기면, 고장 난 부위에 입력된 염기의 접착 부위를 가수분해 하여 고장 난 부분을 분리시키는 핵산수리효소(DNA repair nuclease)가 나타나서 고장 난 정보부위를 떼어냅니다. 이 복구과정은 모두가 자동적이며 여기에 관여하는 효소는 모두 자체 생산됩니다. 결국 고장 났던 유전자는 원상 복구되고 그러므로 병은 치유됩니다.

병이 들었다가도 이 복구과정이 제대로 진행되면 병이 완치되고, 복구가 되지 않은 채로 고장이 복잡해져 가면 병은 자꾸 진행되어 결국 우리는 죽음을 맞이하게 되었습니다. 우리가 건강을 유지하도록 마련한 장치들, 즉 유전자의 자기 수리 능력은 물론이고 우리가 이미 익히 알고 있는 면역계는 인간이 태어날 때부터 타고 나온 하나님께서 주신 건강의 보증이기도 합니다.

계절이 바뀌게 되면 여러 가지로 생활 패턴에 변화가 옵니다. 이 때를 기하여 변화에 잘 적응하지 못한 인생에게 병들이 서슴없이 찾아드는 것도 사실입니다. 그런즉 환절기인 봄철에 인간은 생각밖에 고통스런 병에 걸릴 수 있습니다.
그러나 영육 간, 몸에 병이 깃들 때는 담대하여야 합니다. 병이 들면 무조건 큰소리로 기도하며, 더욱더 창조주 하나님을 찾는 범사가 되기를 바랍니다. 그러면 창조주 하나님을 통하여 고침을 받습니다.

창조주 하나님은 치유를 약속하십니다. 그러므로 더욱더 소리 내어 전심으로 기도하기를 바랍니다.

시 30:2/ "여호와 내 하나님이여 내가 주께 부르짖으매 나를 고치셨나이다."

몸에 병만 들면 무덤에 들어간 것 같이 느껴져 미리 겁도 나고 자신을 포기해버리는데 이건 절대로 해결책이 되지 않습니다. 그러면 병이 더 깊어지기만 합니다. 그런즉 이 병은 나랑 아무 상관이 없다고 큰소리 쳐 나사렛 예수 그리스도 이름으로 떨쳐내어 버리기를 바랍니다. 또한 병이 들면 죄 탓이고 그래서 하나님이 진노하셔서 내가 병이 들었다고 생각하여, 삶의 범사에 기도도 수고도 몽땅 포기하고 어리석게 죽을 날만 기다리는 사람들이 있는데, 이것은 참으로 크나 큰 오해입니다.

창조주 하나님은 당신의 자녀 된 우리 인생들이 더욱더 강건하게 건강을 회복함으로 기쁨이 오게 하시는 분임을 믿고 모든 범사에 성실한 긍정의 신앙과 삶이되기를 바랍니다. **"여호와여 주께서 내 영혼을 스올에서 끌어내어 나를 살리사 무덤으로 내려가지 아니하게 하셨나이다."**(3절)

창조주 하나님은 당신의 자녀 된 우리 인생들이 무덤에 내려가지 않게 우리 영혼을 스올에서 끌어내시고 살리시는 분이십니다. 하나님은 은총의 하나님이시고 기쁨을 주시는 은혜롭고 좋으신 아바 아버지 이십니다.
그러므로 창조주 하나님의 긍휼과 사랑의 손길을 더욱더 확신하는 가운데, 우리 모두 영육 간에 신실 된 소망을 가지고 말씀과 찬송과 기도로 승리합시다. 우리 모두 영육 간에 강건한 삶으로 날마다 승리하는 복된 범사가 되기를 예수님의 이름으로 축복합니다.

백기호목사가전하는

동산의 샘

신약: 메시지

심히 통곡하니라

마 26:75,
이에 베드로가 예수의 말씀에 닭 울기 전에 네가 세 번 나를 부인하리라 하심
이 생각나서 밖에 나가서 심히 통곡하니라.

- 혹시 삶을 통해서 통곡해본 적이 있습니까?

언제 통곡을 합니까? 무엇 때문에 통곡을 합니까? 통곡을 해서 문제가 해결된 적이 있습니까? 오늘 우리는 본문 말씀을 통해 심히 통곡하고 있는 한 사람을 만나고 있습니다. 그가 바로 베드로 사도입니다. 교회를 다니고 예수를 믿는 사람치고 베드로를 모르는 사람이 없습니다. 베드로는 그만큼 기독교에서는 유명한 인물입니다. 오늘 본문 말씀은 베드로에 대한 이야기입니다.

그렇다면 베드로는 본래부터 유명한 사람이었습니까? 그는 결코 그런 사람이 아니었습니다. 유명하기보다는 오히려 갈릴리 호수에서 고기나 잡고 근근이 생계를 유지하는 무식한 사람이라고 멸시와 조롱과 비난을 받은 사람입니다. 그런 그가 어떻게 그처럼 유명인이 되었습

니까?

어느 날 아침 예수님께서 갈릴리 호수를 찾아오셨습니다. 예수님이 갈릴리 호수를 찾아오셨다는 소문을 듣고 사람들이 모여들기 시작했습니다. 왜 사람들이 예수님께 나아왔습니까?

예수님께 나아오는 사람들을 분류해 보면 몇 가지로 나눕니다.

1. 기대가 큰 사람들

예수님의 말씀을 들어보니 이제까지 그 유명한 제사장들이나 서기관들의 말씀을 들어보았지만 비교할 수 없는 능력의 말씀이었습니다. 그래서 수많은 사람들이 저 분은 우리를 로마의 핍박으로부터 해방시켜 줄 구원자라는 확신이 들었습니다. 그래서 예수님께 나아왔고, 예수님을 따르고, 예수님의 말씀을 믿게 된 것입니다.

2. 인생의 모든 문제를 해결해주실 분으로 생각

자신들이 안고 온 그 어떤 문제라도 다 해결해 주실 능력자로 생각한 것입니다. 배고픈 자에겐 먹을 것을 해결해주시고 가난한 자에겐 부하게 해주시고, 병든 자에게 병을 고쳐주시고, 태어날 때부터 장애를 안고 태어난 사람에게는 말씀 한마디나 한번 만져주심으로 고쳐주시고, 심지어는 이미 죽은 자일지라도 살려주시는 분이기에 그런 은혜를 누리기 위해 모여든 것입니다.

3. 예수님을 반대하는 자들

자기들이 누리고 있는 기득권에 도전자로 여겨 예수님의 사역을 시비하고 방해하고 반대하기 위해 모여든 반대론자들입니다. 종교인들, 바리새인, 서기관 그들은 모여 군중들을 선동하고 거짓말을 유포하고 기회만 주어지면 예수님을 죽이겠다고 결심한 무리입니다.

4. 무의미하게 모인 사람들

이런 사람들은 특별한 일이 있느냐 없느냐가 중요하지 않습니다. 이런 사람들을 가리켜 친구 따라 강남 가는 사람이라 할 것입니다.
허다한 무리들. 많은 무리들. 큰 무리들

그런데 이런 사람들과는 전혀 다른 한 사람이 있었으니 그가 바로 베드로입니다. 베드로는 거기 모인 사람들과는 전혀 다른 의미에서 같은 장소 한 켠에 있게 되었습니다. 중요한 것은 예수님께서 갈릴리 해변에 오신 목적이 무엇이었는가 입니다. 예수님을 만나려고 구름떼처럼 몰려든 그들을 위해 오신 것인가 아니면 당신이 택하신 일꾼 베드로를 부르러 오신 것인가 입니다.

베드로는 간밤에 밤을 새워 고기를 잡았지만 피라미 한 마리도 잡지를 못했을 뿐만 아니라 평소에는 그렇게 많던 고기를 구경도 못했습니다. 그는 그 지역에서 소문난 어부입니다. 다른 어부들이 고기를 못 잡았다고 한다면 병가지상사(兵家之喪事)라고 했듯이 매일 잡는 고기 하루쯤 못 잡을 때도 있겠지 하며 위로하겠지만 베드로에게는 어울리지 않는 말입니다. 항상 그는 만선을 할 정도여서 그 지방에서는 최고의 어부라고 인정을 받는 사람이었습니다. 그런 그가 간밤에는 고기

한 마리도 잡지 못한 실패자의 모습으로 바닷가에서 그물을 씻고 있었습니다.

그런데 그를 지켜보고 계신 이가 계셨으니 그분이 바로 예수님이십니다. 거기에는 분명 베드로만이 아닌 다른 어부들도 있었는데 예수님은 베드로에게 다가오셔서 베드로를 부르십니다. "내가 이 시간 네 배를 좀 사용해야 되겠으니 배를 바다에 띄우라." 하십니다. 여러분들도 경험해 보셨겠지만 내게 좋은 일이 있거나 하고 있는 일이 잘 되어갈 때 누군가가 내게 와서 말을 걸고 부탁을 하면 거절하거나 짜증을 내는 사람은 별로 없습니다. 그러나 일이 잘 안되고 기분이 언짢을 때 생각 밖의 부탁을 한다면 쉽게 들어줄 사람은 없습니다.

지금, 베드로는 지칠 대로 지쳐 쓰러지기 직전 상태입니다. 기분이 나쁠 대로 나쁜 상태입니다. 지금 상황으로 봐서는 누군가가 아무리 좋은 말을 해도 시비로 밖에 받아들일 수 있는 상황입니다. 오직 그에게 지금 상황에서 하고 싶은 것은 빨리 집에 들어가서 밥이고 뭐고 한숨 푹 자고 쉽니다.

그런 그에게 예수님이 다가오셔서 배를 좀 빌려 쓰자고 사정을 하시는 것도 아니고 명령조로 배를 바다에 띄우라 하셨습니다. 그러자 이상한 상황이 전개됩니다. 성질 급하기로 유명한 베드로가 거절하기는 커녕 두말없이 순종하여 배를 띄웁니다. 그러자 예수님께서 배를 조금 더 멀리 띄우라 하십니다. 이런 것을 두고 사람들은 예수님의 권능이라고 합니다.
이제까지 한 번도 들어본 적이 없는 말씀을 하십니다. 그것도 잠깐이 아닌 해가 대낮이 되도록 말씀을 하신 것입니다. 그런데 이상한 것은 그 정도 되면 짜증도 내고 화가 나서 배를 돌렸을 법도 한데 베드로가 그 말씀에 빠져 말씀이 끝날 때까지 가장 가까운 곳에서 말씀을 듣고 있었습니다.

예수님께서 말씀을 마치시고 베드로를 돌려보내신 것이 아니라 베드로에게 배를 바다 깊은 곳으로 나아가라고 하셨습니다. 그의 말씀대로 바다 가운데로 갔습니다. 그러자 예수님은 바다 깊은 곳에 그물을 내리라고 하십니다. 고기를 잡아 살아가는 베드로의 입장에서는 참으로 황당한 명령입니다. 한낮에는 바다 깊은 곳에서는 고기를 잡을 수 없습니다. 예수님의 명령은 바다에서 고기를 잡는 방법으로서는 너무나도 무식한 명령이라 말하지 않을 수 없습니다.

그래서 베드로는 주님께 이렇게 말합니다. **"선생님, 내가 어젯밤에 날이 새도록 고기를 잡아봤지만 한 마리도 잡지를 못했습니다. 그러나 선생님의 말씀에 의지하여 그물을 내리겠습니다,"** 라고 그물을 내렸습니다. 그리고 그 그물을 잡아당겼습니다. 그런데 그물이 움직이지를 않습니다. 어부들은 촉감으로 왜 그물이 움직이지 않는 것인지 그 원인을 압니다.

베드로의 손에 잡힌 움직이지 않은 그물은 어떤 장애물에 걸린 것이 아니라 어마어마한 고기로 인해 무거워서 움직이지 않는다는 것을 안 베드로는 놀라운 음성으로 저 멀리 있는 동료들을 불렀습니다. 동료들과 힘을 합해 그물을 끌어당겨 보니 그물이 찢어질 정도로 고기가 많이 잡혔습니다.
그래서 성경은 "두 배에 가득 채웠더라."고 했습니다. 베드로의 배뿐만이 아니라 도와줬던 동료의 배까지 가득 채우는 기적이 일어난 것입니다. 이 얼마나 기쁘고 축복받은 일입니까? 그런 상황에서는 춤을 춰도 지나치지 않은 일이요, 그렇게 고기를 잡게 한 예수님께 고맙다고 인사를 수백 번 한다 해도 지나치지 않을 일이지 않습니까?

그런데 베드로의 태도는 그렇지 않았습니다. 고기를 잡기 전에는 예수님을 선생님이라고 불렀던 그가 고기가 잡히고 나서는 "주여!"라고 부릅니다. 예수님에 대한 호칭이 달라졌습니다. '선생님이 주인님'으로 바뀌었습니다. 그러면서 예수님 앞에 엎드려 하는 말이 **"주여 나를 떠나소서 나는 죄인이로소이다."** 라고 자기의 무지와 무능과 부족함을 고백합니다.

이제까지는 자기가 최고라고 생각했습니다. 이제까지는 자기가 알고 있는 것이 다 옳다고 생각했습니다. 그리고 자기의 경험과 상식과 지식이 최고라고 생각했습니다. 그런데 예수님 앞에 선 자신을 볼 때에 부족하다는 생각이 아니라 죄인이라는 것을 깨닫게 된 것입니다. 이것은 베드로 뿐만이 아니라 같이 그물을 끌어 올렸던 요한과 야고보도 놀란 것은 사실입니다.
그래서 자기는 주님과 도저히 같이할 수 없는 죄인이므로 주님께서 자기 곁을 떠나주시라고 외친 것입니다. 그렇지 않으면 자기로 인해서 주님이 더러워질 수 있습니다.

베드로를 향해 주님께서 말씀하십니다. **"놀라지 말라. 네가 이제까지는 고기를 낚는 어부이었지만 이제부터는 사람을 낚는 어부가 되리라."**고 말입니다. 그러자 베드로는 그 시로부터 주님을 따르는 어부가 된 것입니다. 이 모든 것들이 베드로의 깨달음을 통해 이뤄진 것이 아니라 베드로를 쓰시기 위해 찾아오신 주님의 명령이심을 믿으시기 바랍니다.

그렇게 해서 베드로는 예수님을 가장 가까이서 따르고 섬기는 제자가 되어 벌써 3년 반이나 된 세월이 흘렀습니다. 그동안 예수님을 따르면서 산전수전을 겪었습니다. 볼 것 못 볼 것들을 다 보았습니다. 들을 소리 못 들을 소리 들을 들었습니다. 말이 그렇지 주님과 동행하면서 어찌 좋은 날만 있었겠습니까? 주님이 어려움을 당하실 때 그의 제자인 베드로 또한 같은 어려움을 감당해야 했습니다.

그러면 그럴수록 베드로에게는 꿈이 점점 더 커져갔습니다. 주님의 날이 점점 다가오고 있습니다. 주님께서 말씀하신 그날이 오면 이스라엘은 로마로부터 해방되고 예수님이 이스라엘의 왕이 되신다면 예수님의 제자로 부름을 받은 자기들은 이스라엘의 대단한 존재가 될 수 있다는 꿈에 부풀기 시작했습니다.

그래서 제자들은 그날이 오면 누구 더 큰 자리를 차지할 것인가로 다투기도 하고 심지어는 요한과 야고보의 어머니는 그날이 오면 자기

아들을 높이 세워달라고 예수님께 부탁까지 하게 되었습니다.

그럴 때마다 예수님은 자기가 이룰 나라는 세상 사람들이 바라는 그런 나라가 아니라고 수 없이 설명하고 말씀을 하셨지만 그 말을 이해하는 사람들은 아무도 없었습니다. 심지어는 제자들도 다른 사람들과 다를 것이 없었습니다.

예수님은 당신의 때가 가까움에 마지막 만찬을 나누고 말씀하십니다. **"이제 때가 되었음에 나를 파는 자가 있고 나를 잡으러 오는 자들도 있어 그들이 나를 도살장으로 끌고 가는 짐승처럼 잡아갈 것이라."**고 말씀을 하셨습니다.

곁에서 듣고 있던 베드로가 버럭 화를 내면서 "만약 그런 놈들이 있다면 자기가 가만두지 않을 것이라"고 했습니다. 그러자 주님은 이는 하나님의 계획하심이요 네가 아무리 그리할지라도 막을 수 없다하시며 끝내는 내가 그들에게 죽어야 하리라"고 하셨습니다.

예수님이 말씀하신 그대로 된다면 베드로는 물론 모든 제자들의 꿈이 부서집니다. 제자들은 어떻게 하던 그런 일만은 막아야 자기들이 바라는 꿈이 이뤄질 것이라는 생각에는 변함이 없습니다. 그래서 베드로가 예수님을 향한 자기의 충성을 고백합니다. "주여! 주님이 말씀하신 대로 끝내 죽으신다면 주님의 죽으심을 막지 못한 저도 책임을 지고 주님과 함께 죽겠습니다."라고 고백을 합니다.

그러자 예수님께서 뭐라고 하십니까? 참으로 착하고 충성된 종이라고 칭찬하셨습니까? 아닙니다. **"오늘 밤 새벽닭이 두 번 울기 전 네가 나를 세 번 부인하리라."**고 충격적인 말씀을 하십니다. 베드로가 얼마나 실망했을까 하는 생각을 해보았습니다. 이제까지 주님을 따르고 주님도 그를 인정하셔서 수제자로 인정해 주셨으면서도 나를 그토록 믿지 못하신다는 말인가? 하고 두고 보라는 듯 각오에 각오를 하며 자기의 충성심을 주님께 꼭 보여 드려야겠다는 각오를 했을 것입니다.

예수님께 참으로 실망스러운 말을 들었던 그 밤에 예수님께서 베드로와 야고보와 요한을 데리고 겟세마네 동산에서 기도하고 계실 때에 가룟 유다가 대제사장을 비롯한 군병들을 동원하여 예수님을 잡으러 왔습니다. 가룟 유다가 예수님께 나아와 '주님' 하면서 입을 맞추자 군병들이 예수님을 붙잡았습니다.

그러자 이런 일이 없기를 바랐지만 설령 이런 일이 일어난다고 할지라도 반드시 지켜 내겠다고 장담했던 베드로는 드디어 자기의 충성스러움을 보여 드려야 할 때가 온 것입니다. 베드로는 망설임 없이 차고 있던 칼을 빼어 예수님을 붙잡고 있는 병사를 향해서 내리쳤습니다. 그러나 칼이 빗나가 그의 귀를 잘라버린 것입니다.

그런 상황에서 자기의 생명을 두려워하지 않고 이렇게 할 수 있다고 하는 것은 진정한 충성심이 아니고는 할 수 없는 일입니다. 베드로가 주님께 얼마나 충성스러운 자인가를 여실히 보여주는 장면입니다. 주님은 베드로를 향해서 칼을 멈추라 하시고 떨어져 나간 귀를 주어 자기를 잡으려 했던 그 병사의 귀를 다시 붙여 치료해 주셨습니다.

베드로를 향해 "문제를 칼로 해결하려고 하는 사람은 그 칼로 망한다"고 하시면서 칼을 거두라고 하셨습니다. 이로 인하여 예수님은 흉악한 죄인이 붙잡히듯 군병들에게 붙잡혀 가시고 예수님의 제자들은 자기에게 닥칠 환난을 피해 모두 도망을 치고 말았습니다. 이로 인하여 예수님은 가야바 대제사장의 법정으로 끌려가실 때에 **"베드로가 멀찍이 따라갔더라."**(눅 22:54)고 했습니다.

어떤 일이 있더라도 주님이 붙잡혀 가도록 하지 않을 것이며 차라리 같이 죽는 한이 있더라도 주님이 죽도록 놔두지 않겠다던 베드로의 호기에 찬 모습은 어디로 가고 주님이 붙잡혀 가실 때 멀리 떨어져 따라갔는가 하면 주님 고난을 당하고 계시는데 대제사장의 비자들이 모여 모닥불을 쪼이고 있는 그 한 켠에 앉아 있어야만 했던 베드로가 곧 오늘의 우리의 모습이 아닌지 한번 깊이 생각해 보는 시간이 되시기 바랍니다.

닭 울기 전에 네가 세 번

마 26:75,
이에 베드로가 예수의 말씀에 닭 울기 전에 네가 세 번 나를 부인하리라 하심
이 생각나서 밖에 나가서 심히 통곡하니라.

예수님께서 심문을 당하시는 가야바 법정 그 현장 한쪽에서 벌어진 일을 예의 주시하시기 바랍니다.

1. 베드로가 예수님의 제자임을 부인

본문 69절에, **"한 비자가 나아와 가로되 너도 갈릴리 사람 예수와 함께 있었다 하거늘, [70] 베드로가 모든 사람 앞에서 부인하여 가로되 나는 네가 말하는 것이 무엇인지 알지 못하겠노라 하며"** 했습니다. 이 말을 요한복음 18:25에서는 **"너도 그 제자 중 하나가 아니냐. 베드로가 부인하여 가로되 나는 아니라 하니"** 라고 했습니다.

예수님의 수제자요 예수님이 왕이 되시면 그 뒤에 따라오는 자기의 꿈을 실현할 것이라는 확신을 갖고 있는 베드로가 아닙니까? 그래서 주님의 고난을 보고만 있지 않을 것이며 극한 상황에서는 주님과 같

이 죽음도 제 몫이라고 생각한 그가 지금은 "나는 예수님의 제자가 아니라"고 자기 스스로 제자 됨을 부인하였습니다. 수제자인 베드로가 이 정도라면 다른 제자들의 모습은 보지 않아도 알 것입니다. 이 말씀은 내게 묻는 말씀이라 하지 않을 수 없습니다.

2. 성도임을 부인

본문 71절에, **"앞문까지 나아가니 다른 비자가 저를 보고 거기 있는 사람들에게 말하되 이 사람은 나사렛 예수와 함께 있었도다 하매** 72절 **베드로가 맹세하고 또 부인하여 내가 그 사람을 알지 못한다 하더라"**고 했습니다. 조금 전에, **"나는 예수님의 제자가 아니라"**고 부인했던 그는 더 이상 그곳에 앉아 있을 수 없어 문 앞으로 자리를 이동하던 그에게 **"이 사람은 예수와 함께 있었던 사람이라"**고 하자 **"나는 그 사람을 알지 못하노라"** 맹세까지 하기에 이릅니다."

이제는 제자도 아니요, 예수님을 전혀 모른다는 말입니다. 왜 그렇습니까? 자기가 살기 위해서 그런 것입니까? 살고 죽는 것은 내 의지에 달려있지 않고, 하나님의 주권에 있음을 잊지 마시기 바랍니다.

3. 주님을 저주하며 부인

본문 73절에, **"조금 후에 곁에 있던 사람들이 나아와 베드로에게 이르되 너도 진실로 그 당이라 네 말소리가 너를 표명하였다 하거늘** 74절 **저가 저주하며 맹세하여 가로되 내가 그 사람을 알지 못하노라 하니 닭이 곧 울더라"**고 했습니다. 사람이 변해도 이렇게 변할 수 있을까 생각하지 않을 수 없습니다. 사람이 악하다고 이렇게까지 악할 수가 있느냔 말입니다.

무엇이 베드로를 이렇게 악한 사람으로 변화시켰다고 생각하십니까? 이는 사탄이 하지 않고는 불가능합니다. 지금 주님이 자기 눈앞에서 고난을 당하고 계시는데 그런 주님을 앞에 두고 어떻게 주님을 부인하다 못해 저주까지 하면서 배반할 수 있느냐 말입니다. 이 사람이 예수님의 수제자였다는 것이 의심스러울 정도입니다. 그런 베드로를 주님께서 지켜보고 계셨습니다(눅 22:61).

예수님과 눈이 마주친 **"베드로가 예수님의 말씀에 닭 울기 전에 네가 나를 세 번 부인하리라 하심이 생각나서 밖에 나아가서 심히 통곡하니라."** 통곡하고 심히 울었다는 말이 무엇을 의미합니까? 드디어 자기가 행한 모든 것들이 얼마나 잘못이요 죄악 된 것들인지를 깨닫게 된 것입니다. 아무리 회개하고 용서를 빌어도 도저히 원상회복할 수 없는 상황이라는 것을 깨닫게 된 것입니다.
그래서 그는 밖으로 나와 벽에다가 자기의 이마를 찧으며 쓰러지도록 심히 통곡한 것입니다. 만약 우리가 누군가에게 그렇게 배신을 당했다면 용서하기는커녕 반드시 복수할 것입니다.

예수님께서는 이미 이런 일이 있기 전에 이렇게 될 것을 아시고 **"오늘 밤 닭이 울기 전에 네가 나를 세 번 부인 하리라"**고 하신 것입니다. 예수님께서는 베드로의 배신이 있기 전에 그를 용서하시고 이번 일을 통해 더 귀하게 쓰실 계획을 세우셨습니다. 그 계획이 현실이 되어 베드로는 자기의 죄악을 깨닫고 회개하며 통곡하였습니다. 이 모습을 지켜보신 예수님께서 그를 용서하신 줄로 믿습니다.

그렇다면 내가 말하고 행동하는 것들이 하나님이 보시기에 옳다고 인정받아야 합니다.
오늘, 하나님께 인정받으시기를 축복합니다.

믿음의 능력

막 9:23,
예수께서 이르시되 할 수 있거든이 무슨 말이냐 믿는 자에게는 능히 하지 못 할 일이 없느니라 하시니

- 삶의 범사에 모든 경영을 주께 맡기면 불가능이 없습니다.

어떤 중년 남자가 직장암에 걸려서 직장의 모든 기능을 다 드러냈습니다. 그런데 얼마 후에, 또 다시 대장암에 걸려서 대장을 많이 잘라냈습니다. 그리고 다시금 간암에 걸려서 간의 3분의 2를 잘라내어 제거했습니다. 그 후에, 얼마 지나서 병원에 가니 의사가 말하였습니다. "이제, 우리도 당신 치료를 포기하니까 당신도 포기하십시오. 온몸에 암이 안 퍼진 데가 없습니다."

그런데 그가 예배당에서 기도를 하는데 '하나님의 말씀은 살았고 운동력이 있어 좌우에 날 선 검보다 예리하다'는 말씀이 생각이 났습니다. 그는 마음속에 계속해서, "하나님의 말씀이 의사 선생님이 수술하는 그 수술 칼보다 더 예리하지 않으냐"는 말씀이 묵상되어지며 그 말

씀을 계속 암송하라는 주님의 음성을 듣게 됩니다.

그는 침대에 누워 쉬지 못하고, 하나님의 말씀을 노래 부르듯 중얼거렸습니다.

"저가 채찍에 맞음으로 내가 나음을 입었다.
저가 채찍에 맞음으로 내가 나음을 입었다."

그것을 본 의사 선생과 간호사가 와서 어이가 없어 했습니다.
그러나 계속해서 그는 하루 종일 중얼거렸습니다.

"저가 채찍에 맞음으로 내가 나음을 입었다.
저가 채찍에 맞음으로 내가 나음을 입었다."

그런데 처음에는 죽을 것 같은데 시간이 갈수록 숨쉬기가 편해지고 잠도 달콤하게 잘 오고 음식도 잘 넘어가고 그래서 두 달쯤 지난 후에 사진을 찍어보니 아무것도 없었습니다.

창조주 하나님의 말씀이 묵상되어지고 깊이 깨달아지며 수용되고, 하나님의 그 말씀대로 사는 것은 성령의 감동과 조명이 있었기 때문입니다. 말씀을 깨닫는 것은 우리의 지혜가 탁월하기 때문에 된 것이 아니라 성령께서 주시는 선물입니다.

엡 2:8/ "너희가 그 은혜를 인하여 믿음으로 말미암아 구원을 얻었나니 이것이

너희에게서 난 것이 아니요 하나님의 선물이라."

사 53:5/ "그가 찔림은 우리의 허물을 인함이요 그가 상함은 우리의 죄악을 인함이라 그가 징계를 받음으로 우리가 평화를 누리고 그가 채찍에 맞음으로 우리가 나음을 입었도다."

이 말세지말에, 우리들 삶의 범사에 온갖 어려움과 문제가 닥칠 때 우리들의 학문과 지식과 경험으로 해결하고자 애쓰며 몸부림치지 말고 오직 성령님께서 주시는 말씀을 붙들고 주님이 부어 주시는 지혜로 해결하는 삶을 소망합니다.

성령의 잉태

눅 1:35, 37-38,
35, 천사가 대답하여 가로되 성령이 네게 임하시고 지극히 높으신 이의 능력
이 너를 덮으시리니 이러므로 나실 바 거룩한 자는 하나님의 아들이라 일컬으
리라
37, 대저 하나님의 모든 말씀은 능치 못하심이 없느니라
38, 마리아가 가로되 주의 계집종이오니 말씀대로 내게 이루어지이다 하매 천
사가 떠나가니라.

- 현재의 나의 모습은 내가 헌신한 결과입니다.

마리아가 예수를 잉태한 것은 육정이 아니라 성령의 능력으로 된 것처럼 우리에게도 나에게도 물과 성령으로 거듭나지 않으면 하나님의 나라를 볼 수 없고 들어가지 못하므로, 반드시 성령으로 잉태하는 초자연적인 역사가 일어나야 합니다.

자기 자신을 들여다보십시오. 나는, 내가 어디에 몸과 마음과 시간을 바쳤느냐에 의해서 나타난 결정체입니다. 내가 지금까지 말하고 생각하고 행동하고 투자한대로 내 모습이 형성된 것입니다.

물론 미래도 동일합니다. 미래의 나는 지금 내가 무엇을 할 것인가에 달려 있습니다. 영원한 미래도 동일합니다. 우리가 지금 여기 이생에서 주어진 삶을 어떻게 보냈느냐에 의하여 나의 영원한 미래가 결정될 것입니다.

우리는 오늘의 삶을 바르게 영위해야 합니다. 주님의 뜻이 무엇인지, 어떻게 살아야 할지, 무엇을 하여야 할지, 무엇에 내 인생을 바칠 것인지 바르게 알고 바르게 헌신해야 합니다. 그럴 때 우리의 미래는 밝을 것입니다. 영원한 영광의 나라의 은총을 더욱 충만하게 누릴 것입니다.

우리는 바로 그런 여인을 만나게 됩니다. 바로 예수님의 어머니 마리아입니다. 이 말씀을 통해 이 여인이 어떻게 올바르고 탁월한 결정을 하여 놀라운 축복을 받았는지 살펴서, 올바른 선택을 하며 주님과 동행할 때에 놀라운 복이 넘치시기를 간절히 바랍니다.

1. 순종하기 어려운 일에 믿음으로 순종

우리는 정말 순종하기 어려운 일에 순종하고 있는 마리아를 보게 됩니다. 그것은 사랑하는 사람과의 파혼이나 더 나아가 죽음까지도 각오한 순종이었습니다.

그 과정을 잠깐 봅시다. 어느 날 가브리엘 천사가 와서 마리아에게 청천벽력 같은 말을 합니다. 네가 수태하여 아들을 낳을 것이라는 것입니다. 그러자 마리아는 너무나 놀라서 묻습니다. '아니 무슨 말씀입니까? 나는 아직 결혼하지 않았고 남자도 알지 못하는 약혼한 처녀인데 어떻게 아들을 낳습니까?' 그러자 천사는 '성령의 능력이 너를 덮어 아들을 낳을 것인데 그분은 하나님의 아들이라 일컫게 될 것이라.'고 말씀합니다.

그러자 마리아는 고백합니다. **"주의 계집종이 오니 말씀대로 내게 이루어지이다."**(눅1:38)
우리는 바로 이 말씀 속에서 마리아의 올바른 판단, 올바른 응답, 아름다운 헌신을 보게 됩니다. 나는 주의 계집종입니다. 그러니 주님이 원하시는 대로 나를 사용하십니다. 나는 종에 불과하니까 그저 주님이 시키면 시키는 대로 하겠습니다.

그렇습니다. 종은 말 그대로 종입니다. 주인에게 얽매어 있는 사람입니다. 주인에게 속한 사람입니다. 주인에게 얽매어 있으니 주인이 시키면 시키는 대로 하는 사람입니다. 가라면 가고, 오라면 오는 사람입니다. 죽으라면 죽어야 하는 사람입니다. 마리아는 바로 이런 고백으로 하나님의 말씀에 순종하고 있습니다.

마리아의 상황을 살펴보면 천사의 말에 순종한다는 것은 너무나 어려운 일임을 알게 됩니다. 마리아는 요셉과 약혼을 한 처녀입니다. 그래서 몸과 마음과 영혼을 순결하고 깨끗하게 지키고 있다가 요셉과 아름다운 가정을 이루어야 했습니다.
그런데 요셉과 결혼하기 전에 아기를 가지며, 그것도 요셉과 아무런 관계도 없는 아기를 낳는다고 하니까 이걸 어떻게 받아들일 수가 있겠습니까? 순종하는 믿음, 아브라함의 믿음을 소유한 마리아. 오늘 이 하루도 믿음으로 순종할 때 보혜사 성령님을 내 안에 영접하여 생명의 씨. 거룩한 씨 충만하게 하시기를 원합니다.

“그러므로 내가 너희에게 알게 하노니 하나님의 영으로 말하는 자는 누구든지 예수를 저주할 자라 하지 않고 또 성령으로 아니하고는 누구든지 예수를 주시라 할 수 없느니라.”

이 일은 요셉과의 파혼을 각오해야 하는 일입니다. 아니 파혼은 고사하고 돌에 맞아 죽을지도 모르는 일입니다. 약혼자를 둔 처녀가 그 약혼자와 아무런 관계없이 아이를 가졌다는 것은 결국 간음하였다는 것을 의미하고, 간음죄는 돌에 맞아 죽는 죄에 해당했기 때문입니다. 그래서 요셉도 마리아와 조용히 파혼하려고 했습니다.

그러나 마리아는 주님의 말씀이었기에 순종했습니다. 자신은 종에 불과했기 때문에 순종한 것입니다. 설령 수모와 멸시와 천대와 심지어는 죽임을 당해야 할지라도 자신은 주님의 종이었기에 어차피 종은 주인을 위하여 죽음조차 각오해야 하는 존재였기에 순종했습니다. 그리고 물론 나의 주인이신 하나님은 좋으신 하나님임을 믿었기 때문에 순종할 수 있었습니다.

그렇습니다. 헌신에는 바로 이런 종으로서의 순종의 자세가 필요합니다. 이것이 가장 올바른 선택이고 가장 올바른 응답입니다. 나는 종이니까 그래서 때로는 알 수도 없고, 때로는 이해 할 수도 없고, 때로는 손해를 본 다해도 주님을 따르겠습니다하는 자세가 필요한 것입니다. 그렇지 않고 자기가 주인 행세를 하면 주님의 뜻에 순종할 수가 없습니다.

그리고 실제로 우리는 다 종에 불과합니다. 우리의 생명과 시간과 물질과 육체와 세상 모든 것에 대하여 주권을 가지고 있지 못합니다. 그저 하나님의 피조물로 이 땅에 보내어져 하나님의 뜻대로 관리하는 관리인에 불과한 것입니다. 그러므로 종으로서 관리인의 사명을 잘 감당할 때에 주님의 은총을 누리게 됩니다.

우리는 '저는 주님의 종입니다. 주님의 종이오니 말씀만 하십시오. 제가 그 일을 하겠나이다. 감사함으로 하겠나이다. 영광으로 알고 하겠나이다'하며 순종하며 자신을 드릴 수 있기를 바랍니다.
믿음으로 순종하고 헌신하는 삶에서, 주의 역사를 이루어가며 주의 은총을 온전히 누리는 삶을 살아가시기를 간절히 바랍니다.

2. 제사장을 찾아 감

마리아의 또 다른 현명하고 탁월한 선택은 그녀는 성전을 가까이하며 찬양하며 주님의 때를 기다렸습니다.
먼저 눅 1:39, 40을 보십시오. **"이 때에 마리아가 일어나 빨리 산중에 가서 유대 한 동네에 이르러 / 사가랴의 집에 들어가 엘리사벳에게 문안하니.."** 엘리사벳은 마리아의 친족으로 세례요한의 어머니이며, 그의 남편은 사가랴인데 제사장입니다.

눅 1:5,6에 보면 사가랴와 엘리사벳을 소개하고 있습니다. **"유대 왕 헤롯 때에 아비야 반열에 제사장 하나가 있으니 이름은 사가랴요 그 아내는 아론의 자손이니 이름은 엘리사벳이라. / 이 두 사람이 하나님 앞에 의인이니 주의 모든 계명과 규례대로 흠이 없이 행하더라."** 즉 그들은 제사장 가문으로써 모든 계명과 규례대로 흠이 없는 하나님과 사람 앞에 의인이었습니다.

마리아가 엘리사벳을 찾아간 것은 바로 이 때문이었습니다. 제사장이며 흠이 없던 사가랴와 엘리사벳을 찾아가 그들과 교제하며 그들에게서 영적 정신적 조언과 도움과 기도와 위로와 소망을 얻고자 했습니다. 이것이 바로 마리아의 현명하고 지혜로운 선택이었습니다.

마리아가 **"주의 계집종이오니 말씀대로 이루어지이다."**라고 응답했지만 솔직히 마리아도 사람인데 왜 걱정이 안 되고 두려움이 없었겠습니까? 심지어 그녀의 약혼자 요셉은 의로운 사람이었음에도 불구하고 마리아의 말을 믿지 못해서 가만히 끊고자 하였습니다.

그렇다면 다른 사람들은 어떻겠습니까? 대부분이 의심과 멸시의 눈초리를 보내지 않았겠습니까?
바로 그럴 때, 마리아는 의롭고 경건한 제사장이었던 사가랴와 엘리사벳을 찾아 위로와 격려를 받고 조언을 들으며 교제함으로 더욱 주를 바라보며 믿음을 지켜 나갈 수가 있었습니다.

우리가 정말로 우리의 믿음을 잘 지키고 경건한 삶을 살려면 경건한 사람들을 가까이 해야 합니다. 경건한 사람과 어울리면서 말씀과 기도와 찬양을 하며 서로 위로하고 격려하고 기도해주고 권면하는 가운데 서로 믿음을 강화시켜주어야 합니다. 그래야 믿음이 식지 않고 날로 올라가게 됩니다.

그러나 세상에 헌신하고, 먹고 마시고 즐기는 데 헌신하고, 세상의 즐거움에 헌신하는 사람들과 가까이 하면 우리의 믿음은 자꾸 사그라지게 됩니다. 그들의 생각과 가치와 삶의 양식 속으로 나도 모르게 빠져들어가게 됩니다. 그래서 결국 그나마 있던 믿음마저도 까먹고 맙니다.

그러므로 우리 모든 성도님들은 교회를 가까이하고 경건한 사람들을 가까이하고 말씀과 기도와 찬양의 장소를 가까이 함으로 은혜가 충만한 삶을 살아가시기를 바랍니다.

3. 하나님을 찬양

그렇습니다. 마리아는 기도와 찬양의 사람이었습니다. 감사와 영광과 찬양을 돌렸습니다. 눅1:46-56절에 보면 마리아의 찬가가 있습니다. 이 찬가는 이렇게 시작됩니다. **"내 영혼이 주를 찬양하며 / 내 마음이 하나님 내 구주를 기뻐하였음은 / 그 계집종의 비천함을 돌아보셨음이라. 보라 이제 후로는 만세에 나를 복이 있다 일컬으리로다."** 나 같이 비천한 것을 돌아보셔서 주님이 이 땅에 오시는 데 도구로 사용하셨습니다. 비록 나의 가는 길이 힘들고 어려운 일이 있겠지만 그러나 이후로는 나를 복

있는 사람이라 할 것입니다.

여러분, 실제로 마리아는 얼마나 축복받은 여인입니까? 얼마나 큰 특권을 받은 여인입니까? 어쩌면 그 길은 험하고 힘들지 몰라도 그 영광은 세상의 어떤 것과도 바꿀 수 없는 엄청난 것이 아닙니까?
여러분, 우리는 바로 이 점을 명심해야 합니다. 나에게 헌신할 기회를 주셨다면 그건 분명 특권입니다. 그건 분명 복입니다. 엄청난 축복입니다. 세상의 어떤 것과도 바꿀 수도 비교할 수 없는 어마어마한 은총이요 특혜요 특권입니다. 내가 생명의 은총을 누리고 남에게 생명의 은총을 누리게 하는 길입니다. 이 보다 더 큰 은혜 특권이 어디 있습니까? 물론 가는 길에는 어려움도 있습니다. 그러나 그건 의미 있는 고난입니다. 생명의 역사를 이루는 고난입니다. 그리고 결국 그 길을 잘 달려갈 때에 엄청난 영광이 있습니다.

그러므로 우리에게도 이런 모습이 있기를 바랍니다. 주님을 위하여 헌신 할 수 있다는 것, 주님의 생명의 역사에 나 같이 비천한 것을 불러 주셨다는 것, 이것은 엄청난 특권이요 은혜요 축복이요 감사거리요 영광을 돌릴 일이라는 것을 기억하며 경건한 사람을 가까이 서로 격려 받고 위로하고 힘을 주며 기도하며 찬양하며 감사하며 주님의 사역을 감당하는 우리들이 되기를 간절히 바랍니다.

4. 자식을 하나님에게 바친 사람

마리아는 하나님의 나라를 위하여 자식을 바친 어머니였습니다. 어쩌면 마리아의 헌신에 있어서 이 부분은 정말 어머니로서는 도저히 할 수 없는 헌신이었는지 모릅니다. 여러분, 안 그렇습니까? 차라리 내 생명을 드릴 수는 있어도 자식의 생명은 내어 줄 수 없는 것이 부모 된 자들의 공통적인 마음일 것입니다.

솔직히 부모가 가장 약한 부분이 어디겠습니까? 그것은 바로 자식입니다. 자식에게는 한없이 약하고, 자식을 위해서라면 목숨도 아끼지 않는 것이 모든 부모 된 사람들의 마음입니다. 그런데 마리아는 그런 자식을 주님 앞에 드리는 시험을 통과했습니다. 이건 정말 대단한 신앙과 헌신이 아닐 수 없습니다. 어쩌면 아무나 할 수 없는 헌신이었습니다. 이 시험을 통과했기 때문에 그녀는 예수님의 모친으로서의 진정한 자격이 있는 사람이라고 할 수 있습니다.

마리아가 아들 예수로 인하여 당하게 될 고통을 한번 생각해 보십시오. 자식이 십자가에 달리는 것을 보고 있는 부모의 마음은 어떻겠습니까? 자식이 쇠가 달린 채찍에 맞고 있는 모습을 보는 부모의 마음은 도대체 어떤 것이겠습니까? 자식이 십자가에서 그 처절한 고통 가운데 죽어가는 모습을 보는 부모의 마음을 어떻게 형용할 수가 있겠습니까?

눅 2:35에서는 마리아가 당할 고통을 이렇게 말씀합니다. **"이 아이는 이스라엘 중 많은 사람의 패하고 흥함을 위하며 비방을 받는 표적되기 위하여 세움을 입었고 또 칼이 네 마음을 찌르듯 하리라."**(눅 2:35) 예수님께서 십자가에서 당하시는 고난을 보면서 마리아는 칼이 심장을 찌르는 듯한 고통을 당할 것이라는 말씀입니다.

그러나 마리아는 그것이 하나님의 뜻이라면 그것을 받아들일 수밖에 없었습니다. 그래서 그녀는 한 번도 안 됩니다. 가지 마십시오 하면서 십자가의 길을 가시는 예수님을 만류하지 않았습니다. 그렇게 자식이 죽어 인류를 구원할 수 있다면 자신의 찢어지는 아픔보다도 그를 통해 일어날 생명의 역사를 보면서 이 모든 일들을 주님께 맡기며 자신과 자식을 주님 앞에 드리는 헌신을 했습니다.
여러분, 그렇습니다. 헌신에는 분명 이런 아픔이 수반됩니다. 내 사랑하는 것들을 드려야 하기 때문입니다. 내 사랑하는 몸을 드려야 합니다. 내 사랑하는 물질을 드려야 합니다. 내 사랑하는 시간을 드려야 합니다. 그래서 고난이 있습니다. 아니 고난이 없으면 헌신이랄 것도 없습니다.

그러나 그것만이 생명의 길을 이루는 길입니다. 그것만이 주님께서 나를 위해서 당하신 그 십자가의 고난에 조금이라도 동참하는 길입니다. 그래서 그러한 헌신을 통해서 결국 생명의 역사가 이루어집니다. 나도 결국은 생명의 풍성한 은혜를 누리게 됩니다.

그러므로 이제 주님께 마땅히 드려야 할 것들을 감사와 기쁨으로 드리는 삶을 살아가시기 바랍니다. 여러분의 삶의 뿌리와 가치를 주님께 두고 주님 앞에 헌신하는 삶을 살아가시기를 바랍니다. 오늘 예수님의 어머니 마리아처럼 주의 종이라는 고백 가운데 주의 뜻을 위하여 여러분 자신을 드리는 삶을 살아가시기를 바랍니다.

마리아가 하나님의 거룩한 생명의 역사를 위하여 칼로 가슴을 찌르는 듯한 아픔 속에서도 예수님을 십자가에 내어 드렸던 것처럼 혹시 힘이 들고 외로운 순간이 있어도 우리의 소중한 것들을 주님 앞에 드릴 수 있는 삶을 살아가시기를 바랍니다.
그러한 삶을 통하여 주님의 생명의 역사를 힘 있게 이루어가고, 여러분의 삶에도 주님의 은혜가 가득한 복된 인생이 되시기를 간절히 축원합니다.

받으라

요 20:22-23,
22, 이 말씀을 하시고 저희를 향하사 숨을 내쉬며 가라사대 성령을 받으라
23, 너희가 뉘 죄든지 사하면 사하여질 것이요 뉘 죄든지 그대로 두면 그대로 있으리라 하시니라.

- 성경 속에는 받으라, 누리라, 충만하라.

주어도 받지 못하면 이것은 보통 문제가 아닙니다.
죄인에게는 죄 사함을 받으라. 행 3:19
병자들에는 깨끗함을 받으라. 막 1:41
약한 자에게 아브라함과 같은 믿음을 본받으라. 히 13:7
마음에 섬긴 도를 온유함으로 받으라. 약 1:21
목마른 자에게 생수를 받으라. 계 22:17
받으라 하시는데 받지 못하는 것보다 답답한 일이 없고 받으라 하시는데 구하지 못하는 일 보다 우매한 것이 없다.

"베드로가 이르되 너희가 회개하여 각각 예수 그리스도의 이름으로 세례를 받고 죄 사함을 받으라. 그리하면 성령의 선물을 받으리니"(행 2:38)

마침내 오순절에 성령이 강림하셨습니다. 성령의 오심은 예수님께서 말씀하신 대로 '약속의 성취'였습니다. 예수님은 십자가에 달리시기 전, 제자들과 고별하시면서, **"가면 내가 보혜사 그를 너희에게로 보내리니"**(요 16:7)라고 하셨습니다. 또 부활하셔서는 제자들과 평화의 인사를 나누시며, **"성령을 받으라."**(요 20:22)고 거듭 말씀하셨습니다.

설교하던 베드로가 십자가에 달리신 예수님을 회상할 때에, 그 자리에서 듣던 유대인들은 자신들이 그 무서운 범죄에 가담했다는 사실을 깨닫게 되었습니다. 유대인들은 비로소 마음이 찔렸고, 그들은 십자가에 못 박힌 예수님이 죄인이 아니라, 바로 자신이 죄인임을 고백하기에 이르렀습니다.

앞서 예수님은 성령이 오시면, **"그가 와서 죄에 대하여, 의에 대하여, 심판에 대하여"**(요 16:8) 세상의 그릇된 생각을 꾸짖어 바로잡아 주실 것이라고 하셨습니다. 성령이 오심으로 유대인들은 자신의 죄를 깨달았고, 설교를 듣던 중 삼천 명이 회개하였습니다. 십자가에 못 박힌 한 유대인 젊은이가 이 땅에 오신 하나님의 아들임을 확신시켜 준 것은 바로 성령의 역사였습니다.

성령은 심령의 눈을 뜨게 하여 인간의 허물과 세상의 죄를 들추어내고 바로잡아 주십니다. 성령이 오심으로 교회의 역사가 시작되었습니다. 그리스도인인 우리는 성령이 함께 하시는 사람입니다. **"성령으로 아니하고는 누구든지 예수를 주시라 할 수 없느니라."**(고전 12:3)

성령님을 친밀히, 더 충만히 사모하는 것은 그리스도인의 진실한 모습입니다. 나아가 '성령의 일곱 은사'(롬 12:6-8)로 교회 안과 밖에서 사랑의 사역에 참여하며, '성령의 아홉 열매'(갈 5:22-23)를 맺으면서 하나님의 자녀로 성숙해 지기를 소망합니다.

- 하나님, 우리의 허물을 바로 잡아 주시어 성령의 사람으로 살 수 있게 인도하옵소서. 내 믿음과 행실로 '사랑, 기쁨, 화평, 인내, 친절, 선함, 신실, 온유, 절제'의 열매를 맺을 수 있도록 이끌어 주옵소서.

고전 2:13-14/ "우리가 이것을 말하거니와 사람의 지혜의 가르친 말로 아니하고 오직 성령의 가르치신 것으로 하니 신령한 일은 신령한 것으로 분별하느니라 육에 속한 사람은 하나님의 성령의 일을 받지 아니하나니 저희에게는 미련하게 보임이요 또 깨닫지도 못하나니 이런 일은 영적으로라야 분변함이니라."

하나님의 영이 거하시면 구원받은 성도에게는 죽어도 다시 사는 부활이 있고, 우리는 그 소망을 가지고 삽니다. 그대에게 부활에 대한 확신이 없다면 성령님의 임재와 역사를 간구하십시오. 하나님의 영이 없는 사람, 예수님의 영, 생명이 없는 사람은 겉으로는 큰소리치며 살지만, 사실 모든 일에 확신이 없고 문제 앞에 늘 불안해하며, 특히 내일 일과 죽음을 가장 두려워합니다.

하나님의 영을 회복하는 길은 부활이요 생명이신 예수 그리스도를 나의 주, 나의 하나님으로 영접하는 것입니다.
하나님의 영이 임하시면 이제까지 세상의 기쁨으로 살던 사람이 하늘의 기쁨을 맛보게 되고, 절망과 죽음만 경험하던 사람이 날마다 부활을 경험하고 누리게 됩니다.

하나님의 영은 부활의 영이며 그리스도의 영, 성령의 영입니다. 예수 그리스도를 믿고 영접할 때, 하나님의 영인 성령이 내 안에 들어오심으로 내 영이 살아나게 됩니다.
그때, 비로소 잃어버렸던 나, 내 것, 내 할 일, 삶의 이유를 찾게 됩니다. 그때부터 참된 인생의 가치를 찾게 되며 참된 치유가 일어나고 삶이 살아납니다.

롬 8:9/ "만일 너희 속에 하나님의 영이 거하시면 너희가 육신에 있지 아니하고 영에 있나니 누구든지 그리스도의 영이 없으면 그리스도의 사람이 아니라."

나의 목자 예수

요 14:6,
예수께서 가라사대 내가 곧 길이요 진리요 생명이니 나로 말미암지 않고는 아버지께로 올 자가 없느니라.

- 나의 목자 여호와

나의 목자 되신 여호와께서,
나의 영혼을 윤택하게 하시며 나의 생각을 부요하게 하시고, ,
하루하루의 나의 삶속에 필요한 모든 것을 조금도 부족함이 없게 풍성히 채워 주시며,
나의 영혼을 성령의 능력으로 새롭게 소생시켜 주시고,
하나님의 거룩한 이름을 위하여 의의 길로, 생명 길로 영생 길로 날마다 인도하시도다.
내가 악한 자들이 생명을 위협하는 사망의 음침한 골짜기를 다니거나
곧 어둠의 길로 때때로 다닐지라도 해를 두려워 아니함은
주께서 능력의 지팡이로 나를 바른 길로 이끄시고
사랑의 채찍의 막대기로 나를 안위하여 주시며

나와 함께 함을 믿음이라
주께서 내 원수의 목전에서 주와 함께 먹고 마실 풍성한 상을 차려 주시며
내 평생에 주의 선하심과 인자하심이 항상 나를 따르리니
내가 여호와의 집에 이제와 영원히 주와 함께 거하리로다.

"여호와는 나의 목자시니 내게 부족함이 없으리로다. 그가 나를 푸른 풀밭에 누이시며 쉴 만한 물 가로 인도하시는 도다 내 영혼을 소생시키시고 자기 이름을 위하여 의의 길로 인도하시는도다 내가 사망의 음침한 골짜기로 다닐지라도 해를 두려워하지 않을 것은 주께서 나와 함께 하심이라 주의 지팡이와 막대기가 나를 안위하시나이다 주께서 내 원수의 목전에서 내게 상을 차려 주시고 기름을 내 머리에 부으셨으니 내 잔이 넘치나이다. 내 평생에 선하심과 인자하심이 반드시 나를 따르리니 내가 여호와의 집에 영원히 살리로다."(시 23 :1-6)

1. 선한 목자 되신 예수

"나는 선한 목자라 나는 내 양을 알고 양도 나를 아는 것이"(요10:14)

"아버지께서 나를 아시고 내가 아버지를 아는 것 같으니 나는 양을 위하여 목숨을 버리노라."(요 10:15)

"또 이 우리에 들지 아니한 다른 양들이 내게 있어 내가 인도하여야 할 터이니 그들도 내 음성을 듣고 한 무리가 되어 한 목자에게 있으리라."(요 10:16)

이제와 영원토록 여호와는 나의 선한 목자시라. "내가 세상 끝날 까지 너희와 항상 함께 있으리라."(마 28:20하)

2. 양들의 큰 목자 예수

"양들의 큰 목자이신 우리 주 예수를 영원한 언약의 피로 죽은 자 가운데서 이끌어 내신 평강의 하나님이"(히 13:20)

"모든 선한 일에 너희를 온전하게 하사 자기 뜻을 행하게 하시고 그 앞에 즐거운 것을 예수 그리스도로 말미암아 우리 가운데서 이루시기를 원하노라 영광이 그에게 세세무궁토록 있을지어다 아멘."(히13:21)

3. 영광의 면류관을 주실 목자장 예수 그리스도

"맡은 자들에게 주장하는 자세를 하지 말고 양 무리의 본이 되라."(벧전 5:3)
"그리하면 목자장이 나타나실 때에 시들지 아니하는 영광의 관을 얻으리라."(벧전 5:4)

"나의 힘이 되신 여호와 "나의 힘이신 여호와여 내가 주를 사랑하나이다."(시 18:1)

"여호와는 나의 반석이시요 나의 요새시요 나를 건지시는 이시요 나의 하나님이시오 내가 그 안에 피할 나의 바위시요 나의 방패시요 나의 구원의 뿔이시요 나의 산성이시로다."(시 18:2)

"내가 찬송 받으실 여호와께 아뢰리니 내 원수들에게서 구원을 얻으리로다."(시 18:3)

"내가 환난 중에서 여호와께 아뢰며 나의 하나님께 부르짖었더니 그가 그의 성전에서 내 소리를 들으심이여 그의 앞에서 나의 부르짖음이 그의 귀에 들렸도다."(시 18:6)

아멘, 할렐루야!

성령의 충만함

행 13:52,
제자들은 기쁨과 성령이 충만하니라.

- 믿음 생활은 제자들처럼 기쁨과 성령님으로 충만해야 합니다.

기쁨 충만은 곧 성령님께의 충만이며, 성령님의 충만한 상태는 곧 성령의 열매의 두 번째 열매인 희락입니다. 희락은 일반적인 기쁨을 뛰어넘는 말할 수 없는 기쁨입니다. 자신의 감정에 따라 표현되었으면 좋겠는데 표현할 수 없는 기쁨, 주체할 수 없는 기쁨입니다.

빌 2:18./ "이와 같이 너희도 기뻐하고 나와 함께 기뻐하라."

빌 4:4/ "주 안에서 항상 기뻐하라 내가 다시 말하노니 기뻐하라."

주님은 인생들에게 기쁨을 충만하게 하십니다. 이 충만은 주님이 주시는 것이며 성령님께서 역사함으로 일어나는 일입니다. 그런즉 주님께서는 우리가 이 충만함을 위하여 갖가지 장치를 하셨습니다.

1. 말씀으로 기쁨이 충만

성경 말씀을 기록하신 목적이며 말씀을 통하여 기쁨이 충만하여지게 하십니다. 실로 하나님의 말씀은 우리 삶의 능력입니다. 말씀으로 인하여 오늘날의 삶 가운데 고난을 딛고 일어나 기쁨을 누립니다.

요일 1:4/ "우리가 이것을 씀은 우리의 기쁨이 충만하게 하려 함이라."

2. 영생으로 기쁨이 충만

영생의 사실은 우리의 기쁨을 충만하게 하십니다. 이 기쁨은 영원한 기쁨입니다. 우리는 믿음으로 영생하여 우리의 시민권은 하나님의 나라에 있답니다. 그러니 기뻐할 수 밖에 없습니다.

시 16:11/ "주께서 생명의 길을 내게 보이시리니 주의 앞에는 충만한 기쁨이 있고 주의 오른쪽에는 영원한 즐거움이 있나이다."

빌 3:20/ "그러나 우리의 시민권은 하늘에 있는지라 거기로부터 구원하는 자 곧 주 예수 그리스도를 기다리노니"

3. 풍성하고 풍족한 삶

하나님은 풍성하고 풍족한 삶으로 우리의 삶을 채워주십니다. 부족함이 없는 넉넉한 삶으로 인도하십니다. 그러므로 삶의 범사에 기쁨이 충만하게 하십니다.

시 36:8/ "그들이 주의 집에 있는 살진 것으로 풍족할 것이라 주께서 주의 복락의 강물을 마시게 하시리이다."

시 63:5/ "골수와 기름진 것을 먹음과 같이 나의 영혼이 만족할 것이라 나의 입이 기쁜 입술로 주를 찬송하되"

4. 주님의 기쁨이 있음을 확인

주님의 기쁨이 우리 안에 있음을 확인할 때마다 그 기쁨은 충만 충만합니다. 성령님이 계시고 기도가 응답되니 기쁨은 충만할 수밖에 없습니다. 기도할 때마다 슬픔이 변하여 기쁨이 되고 절망이 변하여 소망이 됨은 바로 기도의 결과를 통하여 주님이 주시는 기쁨을 누리기 때문입니다.

요 15:11/ "내가 이것을 너희에게 이름은 내 기쁨이 너희 안에 있어 너희 기쁨을 충만하게 하려 함이라."

요 16:24/ "지금까지는 너희가 내 이름으로 아무 것도 구하지 아니하였으나 구하라 그리하면 받으리니 너희 기쁨이 충만하리라."

5. 생명의 길로 인도하심

일생을 주님은 인도하시되 생명의 길로 인도하십니다. 생명의 길에서 행진한다는 사실은 범사 가운데 당당한 기쁨을 충만하게 누릴 수 있게 하십니다. 실로 주님은 우리에게 모든 것을 할 수 있는 불가능이 없는 삶의 축복으로 함께 하시고 계십니다.

행 2:28/ "주께서 생명의 길을 내게 보이셨으니 주 앞에서 내게 기쁨이 충만하게 하시리로다 하였으므로"

빌 4:13/ "내게 능력 주시는 자 안에서 내가 모든 것을 할 수 있느니라."

우주를 설계한 창조주의 놀라운 지혜

행 17:24-25,
24, 우주와 그 가운데 있는 만유를 지으신 신께서는 천지의 주재시니 손으로 지은 전에 계시지 아니하시고
25. 또 무엇이 부족한 것처럼 사람의 손으로 섬김을 받으시는 것이 아니니 이는 만민에게 생명과 호흡과 만물을 친히 주시는 자이심이라.

- 태초에 하나님이 천지를 창조하시니라.

1. 지구의 크기

지구는 그저 우연하게 생겨난 땅덩어리가 아니고 매우 정밀하게 설계된 것임을 나타내는 많은 증거들이 있습니다. 그중의 하나가 지구의 크기입니다.

한국 사람들은 지구가 큼직해져서 부동산이 넓어지면 얼마나 좋겠나 하는 생각을 할 수도 있는데, 이것은 큰일 날 일입니다. 지구가 지금보다 10%만 더 커지면 중력이 너무 커져서 그 결과물이 수증기로 증발이 되지 않아서 물의 순환이 차단되기 때문에 생명체가 살 수 없게 됩니다.

그리고 지구가 지금보다 10%만 작아져도, 이제는 중력이 너무 약해

져서 한 번 증발한 수증기가 우주공간으로 영원히 날아가 버리게 됩니다. 그 결과, 지구는 물이 완전히 말라붙어 버리고, 모든 생명체가 멸종합니다. 현재 지구의 크기는 물의 순환이라는 차원에서 볼 때 생명이 살아가기에 가장 적합하게 설계되어 있음을 알 수 있습니다.

2. 자전속도

지구의 자전속도가 지금보다 더 빨라지면 지구만 빨리 도는 게 아니고 지구를 감싸고 있는 공기도 빨리 돌게 되며, 그 결과 매일 태풍이 불게 됩니다. 매일 태풍이 부는 지구에서 누가 살아남겠습니까? 또 지구가 천천히 돌게 되면, 지구가 크니까 비열 때문에 낮에는 너무 뜨겁게 되고, 밤에는 너무 추워집니다.

그 대표적인 예가 달입니다. 달은 대단히 느리게 돌기 때문에 낮과 밤의 일교차가 몇 백도나 됩니다. 낮에는 영상 200도까지 올라가고, 밤이 되면 영하 150도까지 떨어집니다. 지구가 천천히 돌다가는 일교차가 너무 심해서 생명체가 멸종하게 됩니다.

3. 기울기

지구는 23.5도 기울어져 있기 때문에 태양 빛이 지구에 골고루 잘 비침으로써 농작할 수 있는 면적이 최대가 되도록 설계되어 있습니다. 이것이 기울지 않고 바로 서 있으면 태양이 비치는 부분은 너무 뜨겁고 그렇지 않으면 너무 추워져서 농사를 지을 수 있는 땅이 너무 적어지게 됩니다.

4. 태양과의 거리

태양과 지구까지의 거리도 지금보다 더 가깝거나 더 멀어지면 너무 뜨겁거나 너무 추워져서 생명체가 살 수 없게 됩니다. 지구보다 조금 더 가까운 행성이 금성인데 너무 뜨거워 불덩어리처럼 되어 있고, 지구보다 조금 더 멀리 있는 것이 화성인데 너무 추워 얼어붙어 있습니다. 이 두 곳 모두 생명체가 생존할 수 없습니다.

이와 같이 지구는 아무렇게나 뻥 터져서 나온 흙덩어리가 아니고, 그 크기와 회전 속도와 태양과의 거리, 기타 등등이 생명체가 살기에 가장 적합하게 설계된 정밀한 우주선임을 알 수 있습니다.

5. 파란 하늘(대기)

지구의 하늘은 파랗고 아름답습니다. 모든 하늘이 다 파란 것이 아니고, 지구의 하늘만 파랗습니다. 그 이유는 지구의 공기를 형성하고 있는 질소와 산소의 공기 조성이 특별한 비율로 되어 있기 때문에 태양 빛이 지구에 와서 파란색만 공기 가운데서 산란되어 퍼지므로 보기 좋은 파란 하늘이 만들어지게 됩니다.

반면에 화성의 하늘은 항상 빨간 색입니다. 지구의 하늘이 화성처럼 항상 빨갛다면 마음 편히 살 수 있겠습니까? 달에는 아예 공기가 없기 때문에 하늘이 항상 까맣게 보입니다.

지구는 하늘도 파랗고, 또 물이 풍부하여 멋진 사파이어 색깔로 보이는 아름다운 별입니다. 생명이 살아갈 수 있도록 정밀하게 설계된 것입니다.

6. 아름다운 천사의 날개 오로라

태양에서부터 따뜻한 열이 날아와서 지구를 따뜻하게 해줍니다. 태양열이란 태양에서 수소폭탄이 터지면서 생기는 엄청난 열입니다. 태양은 거대한 수소폭탄이기 때문에 태양열이 날아오면서 엄청난 양의 방사능도 같이 날아오게 됩니다. 이것을 태양풍이라고 부릅니다.

지구가 아무리 아름답다고 하여도 누군가가 핵폭탄이나 해로운 광선을 계속 쏘아댄다면 아무도 살 수 없겠지요. 그런데 멋진 방사능 방어장치, 그것은 바로 지구자장에 의해 만들어진 우주방패입니다.

그래서 태양에서 날아온 해로운 방사선이 자장 방패에 부딪혀 튕겨나가고, 남극과 북극으로 이동하여 소멸되면서 공기층과 충돌하여 빛을 내는데 이때 나타나는 모습이 바로 아름다운 오로라입니다.

오로라는 남극과 북극에서 거의 동시에 나타납니다. 북극에 오로라가 나타날 무렵에는 남극에도 오로라가 나타나게 됩니다.

그 방어 장치 덕택에 우리는 계속되는 우주 핵전쟁 가운데서도 '하아! 오로라 참 멋있다!'라고 하면서 낭만을 즐기고 있습니다. 이와 같은 방어막이 없다면 태양의 핵폭발로 인하여 모든 생명체는 멸종할 것입니다.

7. 지구는 거대한 우주선

지구는 너무나 정밀하고도 안전하고 낭만적으로 만들어진 하나의 거대한 우주선입니다. 대부분의 유명한 과학자들은 지구의 정밀성을 증거하고 있는데 유명한 우주물리학자 스티븐 호킹 박사는 다음과 같이 고백했습니다.

"현재 우리가 알고 있는 과학법칙들은 많은 기본 숫자들을 포함하고 있습니다. 예를 들면, 전자의 전하 크기나 양성자와 전자의 질량비 같은 것들입니다. 놀라운 점은 이 수치들이 생명체가 살아갈 수 있도록 누군가가 매우 정밀하게 조정한 것처럼 보인다는 사실입니다."

물론 지구와 같은 훌륭한 행성이라도 생명체가 존재한다는 것 자체는 하나의 기적입니다. 그러므로 여러분 모두 아름다운 우주선 지구호에서 멋진 사랑을 나누며 건강하고 행복한 나날을 보내시기 바랍니다.

신 10:14/ "하늘과 모든 하늘의 하늘과 땅과 그 위의 만물은 본래 네 하나님 여호와께 속한 것이로되"

영을 따라 살아라

롬 8:5-8,
육신을 좇는 자는 육신의 일을 영을 좇는 자는 영의 일을 생각하나니
6, 육신의 생각은 사망이요 영의 생각은 생명과 평안이니라
7, 육신의 생각은 하나님과 원수가 되나니 이는 하나님의 법에 굴복치 아니할
뿐 아니라 할 수도 없음이라
8, 육신에 있는 자들은 하나님을 기쁘시게 할 수 없느니라.

- 우리를 위하여 예수님을 세상에 보내셨습니다.

성령으로 거듭난 우리 성도들은 이 세상에서 살아가는 동안 날마다 순간순간마다 영과 육의 갈림길에서 악의 영들과 영적 싸움을 치열하게 싸우고 있습니다. 바울도 이렇게 자신의 연약함을 고백하며 탄식을 했습니다. **내가 원하는 선은 행하지 못하고 내가 원하지 않은 죄의 유혹에 빠져 온종일 헤매고 있음이라 오호라! 나는 곤고한 인생이로다 누가 나를 이 사망의 법에서 건져 내랴!**

나는 한 순간도 내 자신과 이 악한 세상을 결코 이길 수 없는 연약한 존재입니다 그러므로 하나님께서 예수 그리스도를 우리를 위하여 이

세상에 보내셨도다!

"오호라 나는 곤고한 사람이로다. 이 사망의 몸에서 누가 나를 건져내랴 우리 주 예수 그리스도로 말미암아 하나님께 감사하리로다. 그런즉 내 자신이 마음으로는 하나님의 법을 육신으로는 죄의 법을 섬기노라."(롬 7:24-25)

세상을 이기신 예수님

요 16:33/ "이것을 너희에게 이르는 것은 너희로 내 안에서 평안을 누리게 하려 함이라 세상에서는 너희가 환난을 당하나 담대해라 내가 세상을 이기었노라."

1. 우리에게 이김을 주신 하나님께 감사.

고전 15:57-58/ "우리 주 예수 그리스도로 말미암아 우리에게 승리를 주시는 하나님께 감사하노니 그러므로 내 사랑하는 형제들아 견실하며 흔들리지 말고 항상 주의 일에 더욱 힘쓰는 자들이 되라 이는 너희 수고가 주 안에서 헛되지 않은 줄 앎이라."

하나님께서 사람을 지으실 때 모든 피조물 가운데, 특히 사람에게만 지, 정, 의와 함께 언어와 지혜와 지식과 명철과 총명과 이상과 몽조와 생각을 주신 뜻이 있습니다.

- 하나님의 음성을 듣고 하나님의 뜻을 깨달아 알 수 있게 하시고
- 하나님이 기뻐하실 일들을 생각을 할 수 있게 하시어 거룩하신 하나님과 거룩한 교제를 이루며 행복한 삶을 살게 하셨으며
- 사물을 판단할 생각을 주시고
- 새로운 세계를 아름답게 이루게 하시고
  삶의 변화를 가져오는 갖가지 계획들을 세워 이루게 하시고

- 다른 사람의 좋은 생각을 받아들여 동조하며 협동할 수 있게 만드셨습니다.

사람들이 하나님의 말씀에 순종하고 복종하여 긍정적인 생각에 더욱 집착했더라면 보다 행복한 삶이 되었을 것입니다. 그러나 마귀의 미혹에 빠진 타락한 인간들의 근성은 곧 악하고 나쁜 생각, 불의와 불법을 일삼고 거짓과 속임으로 나쁜 일을 도모하여 하나님과 원수 되는 죄악 된 일을 스스로 자행하는 것뿐입니다

"육신을 좇는 자는 육신의 일을 영을 좇는 자는 영의 일을 생각하나니 육신의 생각은 사망이요 영의 생각은 생명과 평안이니라. 육신의 생각이 곧 하나님과 원수가 되나니 이는 하나님의 법에 굴복치 아니할 뿐 아니라 할 수도 없음이라."(롬 8:5-7)

하나님과의 완전한 화목을 위하여 강하고 담대하게 육신의 생각을 버려야 합니다. 육신의 생각을 이기는 길은 말씀과 찬송과 기도와 회개로 성령 충만을 받을 때만이 이길 수 있습니다. 모든 재앙의 시작은 욕심스런 탐욕의 나쁜 생각에서부터 옵니다.

2. 욕심의 결과

약 1:15/ "욕심이 잉태한즉 죄를 낳고 죄가 장성한즉 사망을 낳느니라."
갈 5:24/ "그리스도 예수의 사람들은 육체와 함께 그 정욕과 탐심을 십자가에 못 박았느니라."

범죄 한 인간의 생각과 계획은 항상 악할 뿐이기에 하나님께서 인간을 지으심을 한탄하심이라.

"여호와께서 사람의 죄악이 세상에 관영함과 그 마음의 생각의 모든 계획이 항상 악할 뿐임을 보시고 땅 위에 사람 지으셨음을 한탄하사 마음에 근심하시고 가라사대 나의 창조한 사람을 내가 지면에서 쓸어버리되 사람으로부터 육축과 기는 것과 공중의 새까지 그리하리니 이는 내가 그것을 지었음을 한탄함이니라 하시니라 그러나 노아는 여호와께 은혜를 입었더라."(창 6:5-8)

날마다 순간마다 근심과 걱정에 쌓여 있는 우리의 연약한 마음과 생각을 지키시는 하나님이십니다.

"아무것도 염려하지 말고 오직 모든 일에 기도와 간구로 너희 구할 것을 감사함으로 하나님께 아뢰라 그리하면 모든 지각에 뛰어난 하나님의 평강이 그리스도 예수 안에서 너희 마음과 생각을 지키시리라."(빌 4:6-7)

3. 자기 마음을 지키는 삶을 사는 자

잠 4:23/ "무릇 지킬만한 것 중에 더욱 네 마음을 지키라 생명의 근원이 이에서 남이니라."
고전 10:31/ "그런즉 너희가 먹든지 마시든지 무엇을 하든지 다 하나님 영광을 위하여 하라."

믿음의 발원지는 말씀에서

롬 10:17,
그러므로 믿음은 들음에서 나며 들음은 그리스도의 말씀으로 말미암았느니라.

히 10:25,
모이기를 폐하는 어떤 사람들의 습관과 같이 하지 말고 오직 권하여 그 날이
가까움을 볼수록 더욱 그리하자.

- 하나님은 오늘도 예배로 말미암아 우리와 만나시기를 원하십니다.

사탄은 여러 방법으로 훼방합니다. 말세가 가까우면 사람들의 믿음과 사랑이 식어지고, 모이기를 게을리 한다고 말씀하셨습니다. 그러므로 우리가 말세를 당한 이때, 예배를 통해 믿음을 유지할 수 있습니다. 초대교회 성도들은 날마다 마음을 같이 하여 모이기를 힘썼다고 했습니다.

기왕 신앙생활 하는데, 믿음으로 최선을 다해 예배드리고 충성하며 하나님을 기쁘시게 하고, 영광을 돌리시는 믿음의 사람이 됩시다. 믿음은 들음에서 납니다. 믿음은 율법을 통한 행위에서 생기지 않고, 복

음의 말씀을 들을 때 생겨납니다. 그 말씀(예수님의 말씀)은 '복음'입니다.

누구든지 복음을 들으면,
영혼이 살아납니다,
치유됩니다.
믿음이 생깁니다.
재 창조의 역사가 일어납니다.

그러므로 예배가 중요하고, 말씀을 듣는 것이 중요합니다. 그런데 왜 사람들은 말씀에 귀 기울이지 않습니까? 이는 자기 생각, 교만, 고정관념에 사로잡혔기 때문입니다. 말씀을 들으려면 자기 생각, 고정관념을 버려야 합니다.

자기 생각을 주장하는 사람일수록 성경을 읽거나 들으려 하지 않습니다. 예배에 참석해도 말씀을 농담으로 듣고 잔소리로 듣는 나쁜 습관에 젖어 있습니다. 말세에 성령의 소리를 귀 있는 자들은 들어야 합니다. 복음의 메시지로 받아들여야 합니다.

자기를 비우는 사람 겸손한 사람은 말씀을 잘 받습니다. 말씀을 잘 받으면 삶이 변합니다. 그래서 말씀 앞에서 경청의 자세가 절대적으로 중요합니다. 믿음의 세계에서는 말씀을 잘 듣는 사람이 이깁니다.
아벨이 가인을 이긴 자입니다.
이삭이 이스마엘을 이긴 자입니다.

야곱이 에서를 이긴 자입니다.
요셉이 그의 형들을 이긴 자 입니다.
다윗이 골리앗을 이긴 자입니다.

이기는 자, 둘째 사망의 해를 받지 않습니다.
이기는 자, 만국을 다스리는 권세를 주십니다.
이기는 자, 흰옷을 주십니다.
이기는 자, 성전의 기둥이 됩니다.
이기는 자, 기업을 받습니다.
성경에는 말씀을 잘 듣고 순종한 이들의 승리의 행진곡으로 충만하게 기록되어 있습니다.

여호와의 말씀을 즐거워하여 그 말씀을 묵상하며 잘 경청하면 믿음이 생기고, 참된 치유와 재 창조의 기적의 역사가 일어납니다. 믿음이 결국 세상을 이깁니다.
오늘도 모이기를 폐하는 나쁜 습관을 멀리하고, 그날이 다가올수록 더욱 모이기를 힘쓰는 예배 자가 되시기를 축복합니다. 예배를 통해 주시는 말씀 속에서 하나님의 음성(레마)을 듣는 날 되시기를 기도하고 축복합니다.

감당할 수 없는 은혜

고전 15:8-10,
8, 맨 나중에 만삭되지 못하여 난 자 같은 내게도 보이셨느니라
9, 나는 사도 중에 지극히 작은 자라 내가 하나님의 교회를 핍박하였으므로 사
도라 칭함을 받기에 감당치 못할 자로라
10, 그러나 나의 나 된 것은 하나님의 은혜로 된 것이니 내게 주신 그의 은혜가
헛되지 아니하여 내가 모든 사도보다 더 많이 수고하였으나 내가 아니요 오직
나와 함께하신 하나님의 은혜로라.

- 하나님의 부르심에는 후회함이 없으십니다.

주의 일을 하다보면 인간의 한계, 지식의 한계, 체력의 한계를 뼈저리게 느낄 때가 한두 번이 아닙니다. 왜 주님은 나를 부르셨나요. 이 작은 나를 어디에 쓰시려고. 어떻게 쓰시려고 하시나이까? 신앙생활을 하다 보면 이런 생각이 들 때가 있습니다.

내가 이렇게 봉사하고 헌신하며 수고했는데, 아무도 알아주지 않을 때 왠지 섭섭한 마음이 들 수 있습니다. 그때는 바로 돌이켜 회개해야 합니다. 주님 대신에, 내가 영광을 받으려는 교만한 마음이 있기 때문

입니다. 하나님 앞에서(코람데오)는 사람들이 알아주지 않아도 기쁨과 자원하는 마음으로 섬겨야 합니다.
세례 요한처럼 주님의 길을 예비하는 그것만으로도 감사하고, 만족하고 행복해야 합니다. 감히 주님의 신발 끈도 만질 수 없는 죄인을 당신께서 십자가의 죽으심과 그가 흘리신 피로 속량해 주시고, 영광스러운 하나님 자녀 삼아 주신 그 은혜 만도 너무 감사한데, 복음의 일꾼으로 써 주시고, 교회를 섬기며 주님 위해 일할 수 있는 자로 불러주신 그의 은혜에 감사하며, 기쁨과 즐거운 마음으로 자신을 드려 헌신하는 성숙한 신앙인이 되어야 합니다.

오늘도 그대만은 자신의 마음대로 살지 마시고 성령의 인도하심을 따라 그 누가 알아주던 말든, 주님을 위해 봉사하며 헌신의 도구로 자신을 주님께 기쁘게 드리고 겸손히 모든 이들을 섬기며 요한처럼 주의 길을 예비하는 순례자의 여정이 되시기를 기도합니다.

고전 10:31/ "그런즉 너희가 먹든지 마시든지 무엇을 하든지 다 하나님의 영광을 위하여 하라."

생명이신 그리스도 예수 안에서 승리의 길을 기도합니다.

영적 싸움은 시작되었다

고후 10:4-5,
4, 우리의 싸우는 병기는 육체에 속한 것이 아니요 오직 하나님 앞에서 견고한 진을 파하는 강력이라
5, 모든 이론을 파하며 하나님 아는 것을 대적하여 높아진 것을 다 파하고 모든 생각을 사로잡아 그리스도에게 복종케 하니

- 영적 싸움은 사탄을 그 대상으로 합니다.

오늘은 민족의 명절 추석입니다. 우리 민족은 부모를 섬기고 조상을 존중하는 민족입니다. 이제는 부모를 주시고 조상을 주신 하나님께로 돌아가 그분만이 만유의 주가 되시고 그분의 은총을 구하는 성숙한 신앙인으로 거듭나야 합니다.

그리스도 안에서 구원받은 하나님 자녀가 싸우는 싸움은 영적 싸움으로, 사탄을 그 대상으로 합니다. 영적 싸움은 우리의 힘과 노력으로 할 수 없습니다. 오직 그리스도와 하나님 나라, 성령 충만이 임할 때 하나님이 우리를 통해 하시는 일입니다. 우리가 말씀을 붙잡고 깊은 기도, 간절한 기도를 시작할 때 하나님은 하늘 군대, 천군 천사를 보내사 역사하십니다.

대하 32:21/ “여호와께서 한 천사를 보내어 앗수르 왕의 영에서 모든 큰 용사와 대장과 장관들을 멸하신지라 앗수르 왕이 얼굴이 뜨뜻하여 그 고국으로 돌아갔더니 그 신의 전에 들어갔을 때에 그 몸에서 난 자들이 거기서 칼로 죽였더라.”

하나님은 그를 찾고 부르짖는 백성을 구원하시고, 위기에 처할 때, 건져주시는 살아계신 하나님 입니다.
오늘, 그분 앞에서 코람데오, 승리하시기를 기도합니다. 또한, 전능하신 하나님께 집중해서 기도할 때, 착고가 풀리고 옥문이 열리듯 문제가 해결되고, 막힌 모든 문이 열립니다.

행 12:7/ “홀연히 주의 사자가 곁에 서매 옥중에 광채가 조요하며 또 베드로의 옆구리를 쳐 깨워 가로되 급히 일어나라 하니 쇠사슬이 그 손에서 벗어지더라.”

하나님은 어두운 이 땅에 생명의 빛을 비출 자로 우리를 부르셨고, 우상의 세력을 무너뜨리고 하나님 나라를 이루시기 위해 교회를 세우셨습니다. 그래서 우리는 가정과 지역, 민족의 우상과 귀신문화를 무너뜨리라는 하나님이 주신 사명을 감당하기 위해 생명 건 기도와 생명 살리는 일에 헌신해야 합니다. 나아가 후대를 살리고 보호하기 위해 생명 건 영적 싸움을 시작해야 합니다.

이 복음이 우리 자녀와 손자, 손녀, 후대의 심령에 각인되도록 기도합시다. 살리는 것은 영이니 육은 무익한 것입니다. 추석 명절에 우상의 어둠의 영과 혼돈과 흑암 세력을 몰아내고 가정과 가문의 주의 영광이 충만하게 되기를 기도합니다. 우상 문화와 흐름을 바꾸고 살리는 복음의 명문가를 만드는 최고의 기회가 되기를 소원합니다.

엡 6:12/ "우리의 씨름은 혈과 육에 대한 것이 아니요 정사와 권세와 이 어두움의 세상 주관자들과 하늘에 있는 악의 영들에게 대함이라 그러므로 하나님의 전신갑주를 취하라 이는 악한 날에 너희가 능히 대적하고 모든 일을 행한 후에 서기 위함이라."

오직 성령의 열매는

갈 5:22-23,
22, 오직 성령의 열매는 사랑과 희락과 화평과 오래 참음과 자비와 양선과 충
성과
23, 온유와 절제니 이 같은 것을 금지할 법이 없느니라.

- 성령으로 살면 성령님에게 인도와 지배를 받게 됩니다.

사람들이 맺을 수 있는 열매는 크게 두 종류로 구분됩니다. 그 하나는 육체의 열매이고, 또 하나는 성령의 열매입니다. 육체의 열매는 음행과 더러운 것과 호색과 우상숭배와 주술과 원수 맺는 것과 분쟁과 시기와 분냄과 당 짓는 것과 분열함이고 투기와 술 취함과 방탕함과 같은 것입니다.

반면에 성령의 열매는 사랑과 희락과 화평과 오래 참음과 자비와 양선과 충성과 온유와 절제입니다. 육체의 열매는 우리가 태어날 때부터 저절로 맺게 되는 열매입니다. 이에 반해서 성령의 열매는 성령님께서 성도들 안에 거하시면서 맺게 해주시는 열매입니다.

성령의 열매는 어떤 특별한 사람들만 맺는 것이 아닙니다. 누구든지 예수님을 구주로 믿고 성령으로 새롭게 되면 맺을 수 있습니다. 그러므로 성령의 열매는 내가 성령의 사람인지 아닌지를 구별하는 중요한 기준점이 됩니다.

성도들이 성령의 열매를 맺어야 하는 이유는 무엇일까요? 그 열매를 통해서 하나님께 영광을 돌릴 수 있기 때문입니다. 예수님은 말씀하셨습니다.

"너희가 열매를 많이 맺으면 내 아버지께서 영광을 받으실 것이요 너희는 내 제자가 되리라."(요 15:8)

그러면 우리가 어떻게 해야 성령의 열매를 맺을 수 있을까요? 성경은 말씀하고 있습니다. **"만일 우리가 성령으로 살면 성령으로 행할지니."**(갈 5:25)

우리가 성령의 열매를 맺으려면 성령으로 살아야 합니다. 성령으로 산다는 것은 성령님이 우리 안에서 주인이 되시도록 우리의 전부를 드립니다. 우리의 힘이나 능력이 아니라 성령님의 능력에 사로잡혀 사는 것입니다. 이전에 우리는 죄로 이끌어 가는 본능의 지배를 받으며 살았습니다. 성령으로 살면 성령님에게 인도와 지배를 받게 됩니다.

여행사의 가이드는 관광객들을 앞서 이끌어 갑니다. 마찬가지로 성령님은 우리 앞서 행하시며 우리를 진리 가운데로 인도하십니다. 성령님의 인도와 지배를 받으면 자연스럽게 성령의 열매를 맺게 됩니다. 또한 성령의 열매를 맺으려면 성령으로 행해야 합니다. 우리의 신앙은 고백만으로는 부족합니다. 행위를 통해서 나타나야 합니다.

성령의 9가지 열매는 그리스도의 성품입니다. 성도들은 성령을 따라 행할 때 그리스도를 닮을 수 있습니다. 그리스도를 닮은 증거들은 성령의 열매로 나타나게 됩니다. 육체의 일로는 하나님의 나라를 유업으로 받을 수 없습니다. 이제, 우리는 육체의 일을 그치고 온전히 성령으로 살고 성령으로 행해야 합니다. 그래서 성령님이 맺어주시는 성령의 열매를 풍성히 맺어야 합니다.

성령의 은사와 성령의 열매는 모두 성령님의 역사하심으로 비롯된 결과입니다. 그런데 성령의 은사와 성령의 열매는 약간의 차이가 있습니다. 성령의 은사는 성령님의 뜻대로 각 사람에게 순식간에 나타납니다. 오순절 날 홀연히 성령강림이 이루어진 그때의 상황을 생각해 보십시오.

성령님은 각 사람 위에 주도적으로 임하셨고, 제자들은 예상하지 못한 일이었습니다. 성령의 은사는 은혜로 주시는 선물이기 때문에 하나님이 주시면 순식간에 나타납니다.

그러나 성령의 열매는 은사가 주어지는 것처럼 단번에 이루어지지 않습니다. 식물이 꽃을 피우고 열매를 맺기까지 어느 정도 시간이 필요한 것처럼 성령의 열매도 어느 정도 시간이 지나야 성품에 나타나게 됩니다. 성령의 은사는 능력적인 것이지만 성령의 열매는 인격적입니다. 그래서 성령의 열매는 사람과 성령님의 공동작업으로 맺어지게 됩니다.

성령의 열매의 질과 성숙도는 사람마다 다르고 차이가 있습니다. 사랑과 희락과 화평과 오래 참음과 자비와 양선과 충성과 온유와 절제는 인격과 성품의 영역입니다. 성령의 9가지 열매는 예수님의 인격과 하나님의 성품을 보여주십니다. 믿는다고 하면서 성품과 삶 속에 성령의 열매가 맺히지 않는 사람은 참된 그리스도인이라고 할 수 없습니다. 성령의 열매가 있는 성도의 성품이 구원받은 성품입니다.

성도들은 성령으로 충만하여 은사를 나타내고 열매를 맺어야 합니다. 우리는 교회의 성장과 부흥을 사모해야 합니다. 교회 성장과 부흥의 원동력은 전적으로 성령님에게 있습니다. 성도들이 성령으로 충만하여 성령의 은사를 나타내고 열매를 맺으면 교회는 다시 성장하고 부흥할 수 있습니다.

마 3:10/ "이미 도끼가 나무뿌리에 놓였으니 좋은 열매 맺지 아니하는 나무마다 찍어 불에 던지우리라."

저주의 십자가

갈 6:14,
그러나 내게는 우리 주 예수 그리스도의 십자가 외에 결코 자랑할 것이 없으니 그리스도로 말미암아 세상이 나를 대하여 십자가에 못 박히고 내가 또한 세상을 대하여 그러하니라.

사울은 십자가에 달려 죽으신 예수를 믿는 그의 제자들과 그의 이름을 부르는 자들을 죽이고 잡아 옥에 넣기 위해 다메섹에서 십자가에 죽으신 예수를 만나는 역사적인 사건이 일어났습니다.

주여, 누구입니까? 나는 네가 핍박하는 나사렛 예수라.

그 순간 율법의 사람에서 주의 이름을 부르는 사람으로 거듭남의 체험을 하고 곧 예수 이름으로 아나니아의 안수기도를 받고 영적 사람으로 변화되고 곧 바로 예수를 전하는 바울이 되었습니다.

예수를 믿고, 구원 받은 그리스도인은 십자가의 길을 가는 것입니다. 그 길을 좁은 길이라고 합니다. 이 길은 세상 사람들이 걸어가는 길과 완전히 다른 '구별된' 길입니다. 멸망하는 세상의 넓은 길을 가는 사람의 눈에는 우리가 가는 길이 미련하고 어리석게 보입니다. 그러나 구원 받는 우리에게는 주님이 열어 주신 생명의 길이요, 소망 있는 완전한 승리의 길입니다.

이 십자가의 길을 갈 때, 때로는 지척을 분별하기 어려울 정도로 캄캄하고 어두운 날이 있을 수 있습니다. 외롭고 고독한 길일 수도 있습니다. 그러나 언젠가는 그날들이 지나고 주님의 빛 가운데 들어가 있을 것입니다. 우리가 지치고 힘든 가운데 있다 해도 우리 영혼을 주님이 든든히 붙잡아 주실 것입니다. 믿음과 소망, 사랑 가지고 주님과 함께 한 걸음씩 묵묵히 이 길을 갑시다.

많은 사람들이 십자가의 깊은 진리를 모른 체 십자가가 짐이 된다고 벗어놓고 떠나갔습니다.

갈 2:20/ "내가 그리스도와 함께 십자가에 못 박혔나니 그런즉 이제는 내가 산 것이 아니요 오직 내 안에 그리스도께서 사신 것이라 이제 내가 육체 가운데 사는 것은 나를 사랑하사 나를 위하여 자기 몸을 버리신 하나님의 아들을 믿는 믿음 안에서 사는 것이라."

우리가 걸어가는 길의 맨 끝에는 더 이상 눈물이 없고 아픔, 이별, 죽음이 없는 참 빛과 사랑이 넘치는 영원한 하나님 나라 곧 천국이 있습니다. 장차 그 나라 천국에서 주님의 품에 안겨 영원한 안식과 행복을 누릴 것입니다. 그 소망이 분명하기에 우리는 오늘도 흔들림 없이 믿음의 길 십자가의 길을 갑니다. 우리가 가고 있는 이 길의 맨 끝에는 부활의 영광이 있습니다.

오늘, 이 하루도 내가 가고 머무는 모든 현장에서 십자가에서 이루어진 생생한 사건을 증언하므로,
종교에서 신앙으로
율법에서 은혜로
지식에서 영성으로
사망에서 생명으로
핍박자가 증인으로
절망에서 소망으로

이 소망의 관한 이유를 묻는 이들에게 하늘 가는 길을 정확하게 소개하고 안내하는 전도자요, 선교사의 삶을 살아야 합니다.

-십자가, 십자가, 무한영광일세.

성령과 사랑으로 하나 되라

엡 4:3,
평안의 매는 줄로 성령의 하나 되게 하신 것을 힘써 지키라.

골 3:14,
이 모든 것 위에 사랑을 더하라 이는 온전하게 매는 띠니라.

- 예수님을 믿게 된 뒤에도, 눈으로 보기를 원하는 사람들

소아시아 골로새 시민들은 오랫동안 많은 우상을 섬기며 살았습니다. 몸에 밴 이 버릇은 예수님을 믿게 된 뒤에도 쉽게 없어지지 않았습니다. 보이지 않는 것을 좀처럼 믿지 못하는 골로새 사람들에게 믿음을 심어주려면 뭔가를 보여주어야 했습니다. 하지만 하나님을 다른 우상들처럼 철, 돌, 나무 등으로 만들어 보여줄 수 없는 노릇이었습니다.

바울의 고민은 깊었습니다. 그러다가 바울에게 떠오른 것이 바로 예수 믿고 달라진 그리스도인들이었습니다. 사실, 바리새인들은 하나님 믿는 사람임을 드러내고자 무던히 애를 쓴 이들이었습니다. 계명과

율법은 모두 지키고자 했고, 안식일 법을 지키는 것도 유별났습니다. 그러나 그들은 겉만 달라 보였을 뿐 속은 세상 사람보다 더 많은 욕심으로 가득했습니다.

바울은 이러한 바리새인들처럼 겉으로만 믿음으로 꾸미려 하지 말고 진실한 믿음으로 내면을 꾸미라고 했습니다. 비록 내 속에 미움이 있고, 교만이 있고, 더 참기 어려울지라도 긍휼, 자비, 겸손, 온유, 오래 참음을 옷 입듯이 입으면서 사람들에게 그렇게 행동하라고 했습니다. 또 주님이 우리를 용서하신 것 같이 서로 용서하라고 조언했습니다. 그리고 이 모든 것 위에 사랑을 더하여 이런 아름다운 옷들이 흩어지지 않게 온전하게 매라고 했습니다.

과연 이 모든 것을 할 수 있을까요? 내 힘으로는 할 수 없지만, 성령님이 이끄시고 우리가 성령님께 기대면 할 수 있습니다.

빌 4:11-13/ "내가 궁핍하므로 말하는 것이 아니라 어떠한 형편에든지 내가 자족하기를 배웠노니 내가 비천에 처할 줄도 알고 풍부에 처할 줄도 알아 모든 일에 배부르며 배고픔과 풍부와 궁핍에도 일체의 비결을 배웠노라 내게 능력 주시는 자 안에서 내가 모든 것을 할 수 있느니라."

오늘도 기쁜 날, 세상의 추한 옷을 벗고 바울이 말하는 옷으로 갈아입어 눈에 보이지 않는 것을 믿지 못하는 사람들을 향해 하나님이 살아계심을 확실하게 보여줄 수 있기를 간절히 소망합니다.
그것은 확실한 허리띠라고 묘사할 수 있습니다.

엡 6:14/ “그런즉 서서 진리로 너희 허리띠를 띠고 의의 흉배를 붙이고”

바울사도의 서신 모든 글 속에는 성령의 흐름이 계속적으로 넘치고 있는 것을 발견하게 됩니다. 성령의 소리입니다. 우리의 어두운 귀를 열어서 듣고 눈을 열어 바로 보고 오직 성령의 능력이 충만한 이 하루가 되기를 소망합니다.

하나님, 바리세인과 다를 바 없는 우리를 불쌍히 여겨 주십시오. 마귀 유혹에 넘어가 탐욕으로 옷 입는 일을 되풀이 하지 않고, 오직 성령 안에 굳게 서서 긍휼과 자비와 겸손과 온유, 오래 참음으로 옷 입고 사랑으로 허리를 졸라매게 하옵소서.

예수의 마음

빌 2:5-11,
5, 너희 안에 이 마음을 품으라. 곧 그리스도 예수의 마음이니
6, 그는 근본 하나님의 본체시나 하나님과 동등 됨을 취할 것으로 여기지 아니
하시고
7, 오히려 자기를 비워 종의 형체를 가지사 사람들과 같이 되셨고
8, 사람의 모양으로 나타나사 자기를 낮추시고 죽기까지 복종하셨으니 곧 십
자가에 죽으심이라
9, 이러므로 하나님이 그를 지극히 높여 모든 이름 위에 뛰어난 이름을 주사
10, 하늘에 있는 자들과 땅에 있는 자들과 땅 아래에 있는 자들로 모든 무릎을
예수의 이름에 꿇게 하시고
11, 모든 입으로 예수 그리스도를 주라 시인하여 하나님 아버지께 영광을 돌리
게 하셨느니라.

- 성도는 반드시 주님의 마음을 본받아야 합니다.

예수님의 마음은 온유하고 겸손한 마음으로 그리스도인이라면 반드시 주님의 마음을 본받는 자 되어야 합니다. 그 거룩함에 이르러 말과 행실에 거룩 충만, 그리하여 그리스도의 마음을 내 삶의 중심에 모실 수 있기를 바랍니다.

그렇다면, 그리스도의 마음은 어떤 마음입니까?

1. 자기를 비우는 마음

우리가 품어야 할 마음은 곧 비우는 마음입니다. 자기를 비우는 마음은 예수 그리스도를 아는 일에 있어서 아주 중요한 내용입니다. 여기에서 그리스도 예수님이 비운 것은 하나님의 본체입니다. 그런즉 다시 말하면 권리와 지식과 경험과 능력 등 자신의 모든 것을 스스로 버렸다는 말입니다.

2. 자기를 낮추는 마음

우리가 또한 품어야 할 마음은 자기를 낮추는 겸손의 마음입니다. 그리스도 예수는 자기를 낮추셨습니다. 예수 그리스도는 스스로 비웠을 뿐만 아니라 스스로 자기를 낮추셨습니다. 여기 낮췄다는 말은 자기를 철저히 비하시켰다는 뜻으로 진정한 의미의 겸손을 가리킵니다.

3. 죽기까지 복종하는 마음

예수 그리스도는 십자가에 달려 죽기까지 창조주 하나님 아버지의 뜻에 복종하셨습니다. 죽기까지 복종하는 바로 그 마음이 그리스도의 마음이요 우리가 반드시 품어야 할 마음입니다. 죽기까지 복종하셨다는 것은 무조건 복종하신 것을 의미합니다.

이 마지막 때, 우리 모두 더욱더 진실하게 예수 그리스도의 마음을 마음속, 삶 속에 새기며 하루하루를 승리하며 천성을 향하여 전진하기를 소망합니다.

하나님의 자녀 된 그리스도인은 자신의 삶의 현장에서 진정으로 그리스도의 마음을 실천하기 위하여, 그 무엇을 해야 할까를 매순간마다 생각하면서 예수 그리스도를 닮아가는 하루하루가 되어야만 합니다. 말세지말의 흑암 된 세상에서 우리 모두 더욱더 신실하고 진솔하게 그리스도의 마음과 아가페 사랑으로 우리들 각자의 마음을 풍성히 채우기를 소망합니다.
그리고 또한 우리들 영, 혼, 육이 진정으로 나사렛 예수 그리스도를 온전히 닮아가기를 예수님의 이름으로 축복합니다.

가장 존귀한 이름 예수

빌 2:10-11,

10, 하늘에 있는 자들과 땅에 있는 자들과 땅 아래 있는 자들로 모든 무릎을 예수의 이름에 꿇게 하시고

11, 모든 입으로 예수 그리스도를 주라 시인하여 하나님 아버지께 영광을 돌리게 하셨느니라.

- 예수 이름을 부르기를 좋아하는 이는 그에게 속한 사람들입니다.

예수 이름으로 사는 사람들, 그 이름을 전하고, 그 이름으로 병을 고치고 귀신들을 물리치고, 그 이름으로 핍박을 당하고, 그 이름에 찬양하며, 영광을 돌리게 됩니다. 예수님의 성호는 마귀가 제일 싫어하지만 구원의 백성들은 예수 그리스도를 최고로 구주로 믿고 예수 이름을 부릅니다.

예수의 이름은 생명이요. 지혜요. 기쁨이요. 구원의 에너지요. 삶의 활력소요. 액체 중에 액체입니다. 우리가 불러도 들어도, 기쁜 이름이 있고 나쁜 이름이 있습니다. 그 이름은 마귀란 이름이 기분 나쁜 이름입니다. 그러나 불러도 힘이 솟고 맥박이 뛰고 가슴이 기쁨으로 부풀

어 오르는 이름이 있으니, 그 이름은 예수 그리스도이라!

주님의 이름은 생명이요, 구원이요, 소망이요, 힘이요, 지혜요, 능력이요, 기쁨이요, 영생입니다. 예수님으로 말미암아 구원의 복을 받은 사람들은 아무리 그 이름을 불러도 싫증이 나지 않고 지치지도 않고 부르고 또 부르게 되는 것이 예수님의 이름입니다. 그 이유는 하나님이 사람의 몸을 입고 이 세상에 오셨기 때문입니다.

비참한 인간을 구원하시기 위하여 하나님이 사람의 몸을 입고 이 땅위에 오신 것이 예수 그리스도의 탄생입니다. 예수님이 이 땅에 오신 것은 인생들을 괴롭히려고 오신 것이 아니라 범죄 하기 전에 인간으로 회복시키려고 오셨으며 죄악을 벗어나 광명한 구원의 빛으로 인도하시기 위하여 오신 우리의 참 구세주이십니다.

그 이름은 사랑스럽고, 존경스럽고, 영화로운 예수 그리스도, 그 이름이야말로 연발로 감탄하며 예수 이름을 불러야 되겠습니다. 사람이 되신 예수님은 우리의 죄를 대속하기 위하여 십자가에서 죽으셨기 때문입니다. 생명은 고귀한 존재입니다. 돈으로나 과학적으로 그 가치를 따질 수가 없습니다.

예수님은 자신을 가리켜, **'나는 길이요 진리요 생명이라.'**고 선포하셨습니다. 예수 그리스도를 마음속에 믿으면 영생을 받아들이는 것이 된다는 뜻입니다. 예수님은 죄의 독충을 죽이시려고 십자가를 지셨습니다. 자기의 생명을 끊어 죄 때문에 끊어진 아담의 생명을 다시 이어 영원한 생명을 이어가게 하신 것입니다. 그러므로 십자가는 끊어진 생명과 영원한 생명을 수술하여 이식해야 하는 생명의 수술대가 되었습니다.

만유의 주님이 영원토록 존귀를 세세토록 받으셔야 될 창조주요, 만왕의 왕이신 하나님 자신이신 그러한 예수님이 인생 구원을 위하여 이 땅에 오셔서 물과 피와 생명을 십자가에서 다 쏟아 주셨으니 이 얼마나 감사하고 또 감사할 일인가요! 그러기 때문에 예수 그리스도 이름을 연발탄으로 불러도 시원치 않는 이름이라는 뜻입니다.

주님의 이름 앞에서 이렇게 결단합시다.

예수 외에는 우리 인생의 구주가 절대로 없다. 우리의 죄를 위해 생명을 쏟아 영원한 생명을 접붙여 주신 분은 오직 예수님 밖에 없기 때문이다.
십자가를 부끄러워하지 말자!
예수님을 부끄러워하지 말자!
지옥 갈 우리의 생명을 예수님의 생명으로 이식시켜 영생을 얻게 하셨으니, 자랑하고 또 자랑하고, 경배하고 또 경배하고, 부르고 또 부르는 최고의 예수 그리스도의 이름이 되어야 되겠다.

우리 민족도 예수님에 의해서 통치가 굴복이 순종이 복됨이 신앙의 혁명이 일어나고, 대 개혁이 되어야 죄악이 물러가고 부정부패가 물러가고 이기주의 개인주의 지방주의 학벌주의 자기주의가 물러가 복된 민족, 승리하는 민족입니다. 내 생명이요, 소망이요, 기쁨이요, 힘이 되시는 분이 십자가의 속죄와 부활의 예수님이십니다. 예수님은 에너지요 삶의 활력소요 액체 중에 액체입니다.

좋은 외제 승용차 벤츠나 링컨이나 캐딜락 벤틀리라 할지라도 기름이 떨어지면 올 스톱 하고 말 것입니다. 마찬가지로 마음속에 예수 그리스도가 없으면 아무런 힘이 없는 그러한 무능한 존재가 인생입니다. 인생의 마음속에 예수님이 없으면 마귀가 점령하게 되는데 마귀가 마음을 점령하면 소망의 자리에서 절망의 자리로 나락으로 떨어지고 전략되고 맙니다.

부르면 힘이 솟고,
맥박이 뛰고,
가슴에 기쁨이 샘솟는
그 이름은 예수 그리스도!
주권자, 전능자, 창조자, 그 이름은 생명이요, 구원이요, 소망이요, 힘이요, 지혜요, 능력이요, 기쁨이요, 영생이기 때문에 … .
크게 부르자!

예수 그리스도의 이름으로 선포하고, 명령하고, 집행하시기를 축복합니다.

감사하는 자가 되라

골 3:15,
그리스도의 평강이 너희 마음을 주장하게 하라 평강을 위하여 너희가 한 몸으로 부르심을 받았나니 또한 너희는 감사하는 자가 되라.

- "Appreciation! 感謝, 감사하며 살라."

오늘날 현대인 중 스트레스를 벗어나 살 수 있는 사람은 단 한 명도 없을 것입니다. 스트레스는 모든 병의 원인이 됩니다. 흥미로운 실험이 있었습니다. 화를 잘 내는 사람의 입김을 고무풍선에 담은 후 이를 냉각하여 액체로 만들고, 이 액체를 주사기로 뽑아 쥐에게 주사했더니 쥐가 3분 동안 발작하다 죽었다고 합니다.

정신의학에서는 '스트레스의 대가(大家)'로 한스 셀리(Hans Seyle, 내분비학자) 라는 분이 꼽힙니다. 이 분은 1958년 스트레스 연구로 노벨의학상을 받았습니다. 캐나다인인데 고별 강연을 하버드 대학에서 했습니다. 하버드의 강당에 백발의 노교수들이 빽빽이 들어섰습니다. 그의 강연이 끝나자 기립 박수도 받았습니다.

강연이 끝나고 내려가는데 웬 학생이 길을 막습니다.
"선생님, 우리가 스트레스 홍수 시대를 살고 있는데 스트레스를 해소할 수 있는 비결을 딱 한 가지만 이야기해 주십시오."

그러자 이분은 딱 한 마디를 대답했습니다.
"Appreciation! 感謝, 감사하며 살라."
그의 말 한마디에 장내는 물을 끼얹은 듯 조용해졌습니다. 사람에게 감사만큼 강력한 스트레스 정화제가 없고, 감사만큼 강력한 치유제도 없습니다.

엡 5:20/ "범사에 우리 주 예수 그리스도의 이름으로 항상 아버지 하나님께 감사하며"

기독교인이 장수하는 이유 중 하나는 범사에 감사하기 때문이랍니다. 작은 일이나 하찮은 일에도 감사드리는 이 자세가 기독교인이 장수하는 비결이라고 의학은 증명하고 있습니다. 감사하는 마음속에는 원망 불평 미움, 시기, 질투가 없습니다. 참으로 편안하고 평온합니다.

시 30:4-5/ "주의 성도들아 여호와를 찬송하며 그 거룩한 이름에 감사할지어다. 그 노염은 잠간이요 그 은총은 평생이로다. 저녁에는 울음이 기숙할지라도 아침에는 기쁨이 오리로다."

그래서 感謝,
그러니까 感謝,
그럼에도 感謝,

그것까지 感謝,

"범사에 감사하라."(살전 5:18)

感謝로 참 행복 누리는 오늘 이하루가 되시기를 기도하고 축복합니다.

"감사함으로 그 문에 들어가며 찬송함으로 그 궁정에 들어가서 그에게 감사하며 그 이름을 송축하리이다."(시100:4)

입으로 감사.
마음으로 감사.
몸으로 감사.
생활로 감사.
영으로 감사.
모든 것으로 감사.
날마다 감사.
때마다 감사.
일마다 감사.

거룩함에 이르라

살전 3:13,
너희 마음을 굳게 하시고 우리 주 예수께서 그의 모든 성도와 함께 강림하실 때에 하나님 우리 아버지 앞에서 거룩함에 흠이 없게 하시기를 원하노라.

목회자 그리고 성도들 모두에게 절실히 요구하시는 것이 거룩함에 이름입니다. 구약 시대에는 죄를 속죄하는 제사에 바치는 제물은 절대 먹을 수 없었습니다. 그 피는 대제사장이 지성소 안으로 가지고 들어가고 그 몸은 성소 밖으로 가져가 불살라버렸습니다.

히 13:10을 봅니다.

10, 우리에게 제단이 있는데 그 위에 있는 제물은 장막에서 섬기는 자들이 이 제단에서 먹을 권이 없나니
11, 이는 죄를 위한 짐승의 피는 대제사장이 가지고 성소에 들어가고 그 육체는 영문 밖에서 불사름이니라
12, 그러므로 예수도 자기 피로써 백성을 거룩케 하려고 성문 밖에서 고난을 받으셨느니라.

이는 예수님의 구원 사역을 상기시킵니다. 영원한 속죄양이신예수님께서는 자신의 피로 우리를 구원하셨습니다. 그리고 육체는 예루살렘

진영 밖에서 고난당하셨습니다.

왜 예수님은 영문 밖에서 십자가의 길, 고난의 길을 겪으셨을까요? 이는 자기 백성들을 거룩하게 만들기 위해서입니다.

"이와 같이 예수께서도 자신의 피로 백성을 거룩하게 하시려고 성문 밖에서 고난을 당하셨습니다."(히 13:12)

고난이 없이는 거룩함도 없고, 십자가 없이는 영광도 없습니다. 고난을 통과하지 않고는 어느 누구도 거룩해질 수 없습니다. 고통과 역경과 주림과 사망의 음침한 골짜기를 통과할 때, 인간은 비로소 자신을 내려놓습니다. 그래서 그 영혼이 순결하고 깨끗해지며 겸손하고 온유한 사람으로 변화됩니다.

"너는 이스라엘 자손의 온 회중에게 고하여 이르라 너희는 거룩하라 나 여호와 너희 하나님이 거룩함이니라."(레 19:2)

견딜 수 없는 고난 중에서도 그 고통을 감당하는 사람에게 하나님께서는 견딜 수 있는 힘과 능력을 주시며 '거룩함'을 선물로 주십니다.

"이와 같이 내가 여러 나라의 눈에 내 존대함과 내 거룩함을 나타내어 나를 알게 하리니 그들이 나를 여호와인줄 알리라."(겔 38:23)

"하나님을 따라 의와 진리의 거룩함으로 지으심을 받은 새 사람을 입으라."(엡 4:25)

"거룩함이 없이는 아무도 주를 보지 못하리라."(히 12:14)

복음의 일꾼

딤전 1:11-12,
11, 이 교훈은 내게 맡기신바 복되신 하나님의 영광의 복음을 좇음이니라
12, 나를 능하게 하신 그리스도 예수 우리 주께 내가 감사함은 나를 충성되이 여겨 내게 직분을 맡기심이니

- 사형에서 벗어나는 길은 사면입니다.

로마서 1장에는 22가지 죄를 열거하면서 이 같은 죄를 짓는 자는 사형에 처한다고 하였습니다. 사형에서 벗어나는 길은 대통령이 특별 사면권이 떨어져야 합니다.

고전 9:27/ "내가 내 몸을 쳐 복종하게 함은 내가 남에게 전파한 후에 자신이 도리어 버림을 당할까 두려워함이로다."

하나님의 사람은 인생의 주인을 바꾸고, 우선순위를 바꾸고 인생의 이유와 목적을 바꾸고, 말씀대로 살기 위해 자신을 쳐서 늘 복종시키는 사람입니다. 입술로는 복음 복음 외치고 열심히 남을 가르치면서 삶이 없는 그리스도인에게 영적 권위가 있을 수 없고, 성령의 감동과

감화와 역사가 일어날 수가 없습니다. 그러나 진실하게 하나님을 사랑하고 언약을 붙잡고 언약 성취를 위해 늘 기도하며 전도에 힘쓸 때, 성령의 역사가 일어나고 참된 치유와 변화, 거룩한 의의 열매를 맺게 되며 흑암 세력인 사탄이 떠나갑니다.

고전 9:27/ "내가 내 몸을 쳐 복종하게 함은 내가 남에게 전파한 후에 자기가 도리어 버림이 될까 두려워함이로라."

남에게 복음을 전한 후에 오히려 자신은 죽은 고기 같이 부패하고 썩은 물에 흘러 떠내려가지 않기를 기도해야겠습니다. 늘 두렵고 떨리는 마음으로 나를 돌아보고 점검할 수 있는 지혜로운 사람이 되어야 합니다. 오늘도 우리 주님과 함께 변함없이 순례자의 길을 가는 언약 성취의 여정이 되기를 기도합니다.

"내가 그리스도와 함께 십자가에 못 박혔나니 그런즉 이제는 내가 사는 것이 아니요 오직 내 안에 그리스도께서 사시는 것이라."(갈 2:20)

"복음에는 하나님의 의가 나타나서 믿음으로 믿음에 이르게 하나니 기록된바 오직 의인은 믿음으로 말미암아 살리라 함과 같으니라."(롬1:17)

오늘, 이 하루도 복음을 앞세우고 복음으로 무장하여 복음의 일꾼 됨을 감사합니다.

감사치 아니하며

딤후 3:2,
사람들은 자기를 사랑하며 돈을 사랑하며 자긍하며 교만하며 훼방하며 부모를 거역하며 감사치 아니하며 거룩하지 아니하며

- 타락한 천사와 허물과 죄로 죽은 인간은 감사를 모릅니다.

말세에 사는 인생은 감사를 잊고 삽니다. 인간이 사용하는 언어 중에 감사라는 말보다 더 위대하고 복된 말은 없을 것입니다.

시 30:4/ "주의 성도들아 여호와를 찬송하며 그 거룩한 이름에 감사할지어다."

참된 그리스도인이라면 하나님께 드리는 감사와 그분께 받은 은혜와 감동이 매일 언행과 삶에서 나타나야 합니다. 생활의 현장에서 힘들고 고통스럽고 손해를 보고, 때로는 너무 힘든 핍박을 받는다 해도, 하나님 때문에 감동할 수 있어야 합니다.

성경을 자세히 보면, 고통을 많이 겪고 시련의 폭풍을 지나온 이들에게 참된 감사가 있었습니다.

욘 2:9, 요나는 물고기 뱃속에서 감사했습니다. 깊은 고난의 위기 속에서 감사의 기도를 드립니다. 고난을 모르는 사람은 감사의 이유와 축복을 잘 모릅니다. 그러나 죽음의 고비를 넘긴 사람, 절대 절망에서 다시 인생을 찾은 사람, 더 이상 희망이 없다고 여겼다가 회복된 사람에게는 참된 눈물이 있고 감격이 있으며 기쁨의 감사가 있습니다.

"만 입이 내게 있으면 그 입 다 가지고 내 구주 주신 은총을 늘 찬송하겠네."

렘 30:19/ "감사하는 소리와 즐거워하는 자의 목소리가 그 중에서 나오리라 내가 그들을 번성케 하리니 쇠잔치 아니하겠고 내가 그들을 영화롭게 하리니 비천하지 아니하겠으며"

사랑하는 가족이 다 떠나도 원망하지 아니하고, 주신 이도 하나님, 취하시는 이도 하나님, 그의 이름을 찬양한 위대한 욥의 고백이 오늘 이 하루도 나의 생활 속에서 깊은 곳에서부터 샘이 솟아나고 흘러넘치는 복된 날 되시기를 기도하며 그리스도인의 입술은 항상 감사와 찬양으로 가득해야 합니다.

오늘도 감사의 고백과 찬양으로 가득 찬 날 되시기를 기도합니다. 그 이유는 번성하게 하십니다. 약해지지 않게 됩니다. 영화로운 삶이 됩니다. 비천해지지 않게 됩니다.
감사와 찬양으로 승리의 나날들이 되기를 축복합니다.

"범사에 우리 주 예수 그리스도의 이름으로 항상 아버지 하나님께 감사하며"(엡 5:20)

살렘 왕

히 7:1-3,
1, 이 멜기세덱은 살렘 왕이요 지극히 높으신 하나님의 제사장이라 여러 왕을 쳐서 죽이고 돌아오는 아브라함을 만나 복을 빈 자라
2, 아브라함이 모든 것의 십분의 일을 그에게 나누어 주니라 그 이름을 해석하면 먼저는 의의 왕이요 그 다음은 살렘 왕이니 곧 평강의 왕이요
3, 아버지도 없고 어머니도 없고 족보도 없고 시작한 날도 없고 생명의 끝도 없어 하나님의 아들과 닮아서 항상 제사장으로 있느니라.

- 하나님의 제사장 멜기세덱 살렘 왕

`멜기세덱' 하면 많이 들어 본 듯한 이름인데 그는 누구일까요? 멜기세덱은 창세기 14장에 나오는 사람입니다. 그런데도 이 사람에 관하여 자세히 모르고 있는 경우가 많은 것 같습니다. 그런즉 성경에 나타난 멜기세덱에 대하여 좀 더 자세히 생각해 보고자 합니다.

1. 멜기세덱의 신분

히브리 기자는 멜기세덱에 대하여 다음과 같이, 히브리서 7:1-3을 통하여 **"이 멜기세덱은 살렘 왕이요 지극히 높으신 하나님의 제사장이라 여러**

임금을 쳐서 죽이고 돌아오는 아브라함을 만나 복을 빈자라 아브라함이 일체 십분의 일을 그에게 나눠 주니라 그 이름을 번역한즉 첫째 의의 왕이요 또 살렘 왕이니 곧 평강의 왕이요 아비도 없고 어미도 없고 족보도 없고 시작한 날도 없고 생명의 끝도 없어 하나님 아들과 방불하여 항상 제사장으로 있느니라. 이 사람의 어떻게 높은 것을 생각하라 조상 아브라함이 노략물중 좋은 것으로 십분의 일을 저에게 주었느니라." 라고 자세한 증거를 하고 있습니다.

그는 지극히 높으신 하나님의 제사장이며, 동시에 살렘 왕 즉 예루살렘의 왕으로 의와 평강의 왕이라는 이름의 뜻을 가지고 있습니다. 성경에는 그의 가족, 족보, 출생, 사망에 대한 기록 없이, 오직 하나님 아들과 방불하여 항상 제사장으로 있는 그의 높은 신분만을 증거하고 있습니다. 즉 성경에 기록된 멜기세덱은 후에 예루살렘 왕으로 입성하시며, 우리의 죄를 대속하는 영원한 대제사장이신 예수 그리스도의 예표적인 인물입니다.(요 5:39)

2. 멜기세덱의 축복과 십일조

창세기 14장에는 다섯 나라 왕과 네 나라 왕들과의 전쟁 중에서 조카 롯이 잡혀가자, 아브람이 하인 318명을 데리고 가서 조카 롯과 빼앗긴 재물을 찾아 가지고 돌아올 때에 소돔 왕이 사웨 골짜기 곧 왕의 골짜기에 나와 영접하였고(창 14:17), 지극히 높으신 하나님의 제사장인 살렘 왕 멜기세덱이 떡과 포도주를 가지고 나온 사건이 기록 되어져 있습니다.(창 14:18)

왕의 골짜기는 모리아산의 일부로, 지금의 골고다 언덕입니다. 그렇다면 바로 이 장소에 예루살렘 왕이 떡과 포도주를 가지고 나온 것은 무엇을 의미하는 것이겠습니까? 우리는 나귀 새끼를 타고 예루살렘 왕으로 입성하신 예수님께서 제자들과 함께 유월절 최후의 만찬으로 떡과 포도주를 나눠주신 것을 기억하고 있습니다.(눅 22:19-20) 멜기세덱이 골고다 언덕(사웨 골짜기)에서 떡과 포도주를 가지고 나온 사건은, 바로 유월절 어린 양으로 죽임을 당하실 예수 그리스도의 십자가 사건을 예표적으로 보여주고 있습니다.

그가 아브람에게 창세기 12:1-3의 축복을 재확인하여 주자, 아브람은 그 전쟁 중에 얻은 노략물 중에서 십분 일을 멜기세덱에게 주게 됩니다. 그러므로 이것이 지금의 십일조의 최초의 근거가 됩니다. 십일조는 무엇을 의미하고 있습니까? 전쟁 중에서 탈취한 노략물이나 이 저주 받은 땅에서 나는 소산물들은 다 부정한 것입니다. 그러나 그 중에서 십분의 일을 거룩히 구별하여 흠 없고 점 없는 것으로 성별 시켜 하나님께 거룩한 제물로 드리는 것에 바로 십일조의 성별 의미가 있습니다.

십일조에는 대표적인 의미도 담겨져 있어, 즉 열 개중에서 하나가 모두를 대표하여 거룩히 구별되어 하나님께 바쳐짐으로, 나머지 아홉도 거룩한 재물이 되어 하나님의 거룩한 백성의 양식이 된다는 의미가 됩니다.

그리고 더 나아가서 이 십일조라는 것은, 우리 모두가 땅에 속한 부정한 인간들이지만 예수 그리스도가 우리를 대표하여 거룩한 제물이 되어 하나님께 드려지심으로서 하나님께서 택한 백성 모두가 다 거룩한 하나님의 자녀가 되어지는 진리를 보여줍니다. 그런즉 구약의 십일조라는 것은 우리의 대속주이신 예수 그리스도에 대한 예표적인 의미를 가지고 있습니다.

결론적으로 십일조란 하나님을 섬기는 방편이며, 메시아의 예언적 의미를 지닌 것으로서 예수 그리스도께서 온전히 성취하셔서 완성하신 것입니다. 그런즉 성도의 모든 생명이나 재물, 건강 모두가 창조주 하나님의 거룩한 소유가 됩니다.(참고: 시 17:14)
소득 중의 십분의 일을 떼어 하나님께 연보 하여 복음 전파를 위하여 사용하는 것과 마찬가지로, 나머지 십 분의 아홉도 역시 모든 것이 거룩한 하나님의 소유이므로, 창조주 하나님의 기쁘신 뜻이 무엇인지 분별해서(롬 12:2) 하나님의 일을 위하여 거룩하게 사용해야 합니다.
그러기에, 아브람 역시 나머지 노략물 전부를 자신이 가지지 아니하고 소돔 왕에게 되돌려 준 것을 확인하여 볼 수가 있습니다.(창 14:23-24)

3. 멜기세덱의 반차를 좇는 영원한 제사장 예수 그리스도.
히브리 기자는 히브리서 7장에서 아브람이 멜기세덱에게 준 십일조 사건을 인용하면서, 십일조를 받는 레위조차도 조상인 아브람의 허리에 있어 멜기세덱에게 십일조를 바친 것이 됨으로 멜기세덱이 레위보다 훨씬 높음을 증거하였으며, 또한 율법이 약점을 가진 레위 사람들을 제사장으로 세워 드렸던 제사나 구약 백성이 드렸던 십일조 역시 불완전하다는 것을 증거하고 있습니다.(히 7:11)

그러기에 제사 직분도 변역하고 율법도 변역이 되므로, 예수 그리스도께서 레위지파가 아닌 유다 지파를 통하여 오셔서(히 7:12-14), 구약의 예언대로(시 110:4) 멜기세덱의 반차를 좇아 영원한 대제사장으로(히 6:20), 그리고 친히 참 성전이 되셨습니다.(요 2:19-22)
또한 그리고 영원한 제물이 되심으로(요 1:29) 하나님께 영원한 제사를 드렸을 뿐만 아니라(히 9:11-12), 바로 그리스도 자신이 거룩하게 구별된 온전한 십일조 예물이 되셔서 하나님께 드리신바 되신 것입니다.(말 3:10)

그 피의 효력

히 9:14,
하물며 영원하신 성령으로 말미암아 흠 없는 자기를 하나님께 드린 그리스도의 피가 어찌 너희 양심을 죽은 행실에서 깨끗하게 하고 살아 계신 하나님을 섬기게 하지 못하겠느냐.

- 오늘도 나를 위해 그 누군가 기도하고 있음을 감사하십시오.

모두들 성령 충만하시기를 축복합니다. 성도는 누구든지 성령임재를 간구할 수 있습니다. 그런즉 누군가 나를 위하여 드린 기도가 오늘의 나를 만듭니다. 그 기도로 내가 성령 충만의 은혜를 받습니다. 내가 성령 충만하여 내 죽은 삶이 살아나고, 범사에 변화의 역사가 일어나고 있다는 사실입니다.

미국 남북전쟁의 치열한 전투 중 병사 한 명이 부상을 입고 아틀란타 근처 산악지대에 쓰러져 있었습니다. 그런데 전투가 끝난 밤에 연합군 소속인 스물 한 살의 이 젊은 장교가 중상을 입은 것을 위생병들이 쳐다보고는 "죽었어, 숨을 쉬지 않는 걸."하고 말하면서 돌아가고 말았습니다.
이 청년의 아버지와 어머니는 아들을 위해 날마다 기도했습니다. 그러나 아들의 성격은 너무 과격해서 대학시절에 항상 그는 종교적인 문제 밖에 있었으며 무신론자를 자처했습니다. 그러나 그의 아버지와 어머니는 기도하는 것을 멈추지 않았습니다.

젊은 장교는 누운 채로 의식을 회복하고 양친들의 믿음을 생각하기 시작했습니다. 그는 하나님을 향하여 만일에 나를 살게 해 준다면 남은 인생을 하나님께 봉사하겠다고 말했습니다. 다음 날 아침, 위생병이 돌아왔습니다. 아직까지 이 청년이 살아있음을 확인하여 병원으로 옮겨졌습니다. 그는 군목을 불러 그리스도인이 되려 했던 얘기를 털어 놓았습니다.

무엇이 전장에서 부상당하고 쓰러진 젊은이를 위생병이 발견할 수 있도록 하였겠습니까? 위생병들도 그 가능성을 보지 못했습니다. 그러나 하나님께서 이 청년에게 손을 뻗치시고 다시 고쳐 만드신 것입니다. 그리고 하나님께 봉사하기로 서약했던 그의 남은 삶에서 무슨 일이 나타났습니까? 그는 필라델피아의 템플대학교와 세 개의 종합병원을 설립하였습니다.

필라델피아 침례교회도 그의 남은 생명의 삶에서 나왔습니다. 그리고 그는 20여 권의 저서를 내었고, 수천 명의 영혼을 구원시켰습니다. 그 청년이 곧 미국이 배출한 가장 기적적인 인물 중 한 사람인 러셀 콘웰입니다. 하나님은 그를 부서뜨리고 나서 그에게 봉사하는 적절한 그릇으로 다시 고쳐 만드셨습니다.

그렇다면 우리 크리스천은 어떻게 새로워질 수 있을까요? 그 누군가의 중보기도 속에서 더욱더 성령으로 영, 혼, 육이 새로워져야합니다. 부모님의 기도로 나는 이렇게 되었다고 말할 수 있어야 합니다. 내 주변에 신앙인이 나를 위해 기도함으로 나는 이렇게 되었다고 감사 할 수 있어야합니다 진실로 성령으로 인하여 나는 변했다고 말할 수 있어야 합니다.

누군가 기도하네 내가 홀로 괴로워서 마음이 무거울 때 날 위해 주님이 기도하네.

날 위해 기도하는 사람이 있다는 것을 잊지 말고 일어서세요.

그러므로 서로를 위하여 내가 알고 있는 그 누군가를 위하여 전심으로 기도하는 가운데, 우리 모두 성령 안에서 영육 간의 모든 범사가 더욱 만사형통하시기를 예수님의 이름으로 축복합니다.

"너희도 우리를 위하여 간구함으로 도우라 이는 우리가 많은 사람의 기도로 얻은 은사를 인하여 많은 사람도 우리를 위하여 감사하게 하려 함이라."(고후 1:11)

말 조심하라

약 1:19,
내 사랑하는 형제들아 너희가 알거니와 사람마다 듣기는 속히 하고 말하기는 더디 하며 성내기도 더디하라.

잠 29:20,
네가 언어에 조급한 사람을 보느냐 그보다 미련한 자에게 오히려 바랄 것이 있느니라.

- 말이 인간에게 미치는 영향은 얼마나 될까요?

언어는 마음과 생각을 변화시킵니다. 또한 사람의 육체를 변화시키기도 합니다. 행동을 지배하기도 하고, 환경과 운명을 결정하기도 하며 자아상을 바꾸기도 합니다.

언어에는 사실언어와 감정언어가 있습니다.
사실 언어는 "인상이 딱딱해 보이네요."와 같은 말입니다. 사실대로 말한 것이지만 듣기에 좋은 표현이 아니기 때문에 상대방은 기분이 상하기 쉽습니다.

반면에, 감정언어는 긍정적이고 배려하는 말로 사람을 기쁘고 행복하게 합니다.

- 세상에서 네가 가장 소중하단다.(자녀에게)
- 역시 당신이 최고야(일하고 있는 배우자에게)
- 분위기가 참 좋습니다.(거래처 사무실 사람들에게)와 같은 말이 여기에 해당된다.

무슨 말로 이 사람을 기쁘게 해 줄까를 생각하면 만나는 사람들마다 감정 언어를 사용해 보아야 합니다.

골 4:6/ "너희 말을 항상 은혜 가운데서 소금으로 고르게 함같이 하라 그리하면 각 사람에게 마땅히 대답할 것을 알리라."

생각이 행동을 만들고, 행동이 습관을 만들고, 습관이 인격을 만듭니다. 그러나 사람의 마음을 기쁘게 하려고 거짓말을 하거나 없는 것을 꾸며서 말하면 안 됩니다. 진실을 말하면서도 기분 좋게 말해야 하는 것입니다.

말하는 습관은 하루아침에 이루어지지 않습니다. 낙숫물이 바위에 구멍을 뚫듯이 계속 감정 언어를 쓰게 되면 인격도 변하고, 삶도 변할 것입니다.

감정언어는 우리에게 성공과 행복을 가져다 줍니다.
밝고 환한 말 힘이 되고 용기를 주는 말

사람을 기쁘게 하는 말로 서로 격려하고
위로하다 보면 삶에 활기가 넘치고
가정이나 직장 속에서 궁극적으로 내가 가는 모든 곳이 활기차고 밝아지게 됩니다.

'주는 가치'를 높여 주는 칭찬은 개인의 업무 능력을 극대화할 뿐 아니라 잠재 능력까지 이끌어 내는 힘이 있습니다. 좋은 가정. 직장 분위기를 만들려면 칭찬과 격려의 말을 아끼지 말아야 합니다.

"그러므로 이 여러 말로 서로 위로하라."(살전 4:18)

"좋은 말로만 하면 고치지 아니하나니 이는 그가 알고도 청종치 아니함이니라.(잠 29:19)

말에 감정을 담고, 사랑과 용서를 담고, 이해와 눈길을 담고 말하여 듣는 이에게 은혜가 되게 하십시오.

염려를 다 맡기라

벧전 5:7,

너희 염려를 다 주께 맡기라 이는 그가 너희를 돌보심이라.

- 삶의 모든 염려를 주께 맡깁시다.

당신의 염려를 모두다 주님께 맡기십시오. 주님이 돌보십니다.
염려하지 않는 방법을 배운 사람은 결코 스트레스를 받지 않습니다. 염려는 우리 안에서 작용하는 매우 고된 일이기 때문입니다. 삶의 범사에 염려하면 영육이 지치고 신경이 예민하게 됩니다.
염려 속에는 우리를 기만하는 것이 많이 들어 있습니다. 결국 그것은 우리에게 무엇인가를 행하고 있다는 착각을 일으키게 합니다. 실제로 우리는 염려만 할 뿐이지 아무것도 행하지 않고 있습니다.

사실, 필요한 염려는 많지 않습니다. 그런즉 모든 염려와 걱정은 멀리 던져버리십시오. 왜냐하면 근심은 자신의 삶 가운데 아무런 도움도 되지 못하기 때문입니다. 만약에 염려가 어떤 문제를 해결해준다면 우리 모두 깊은 염려를 해야 마땅합니다. 또한 그 어떤 것에 조금이라도 도움이 되려면 걱정만 할 것이 아니라 그것에 관해 작은 것이나마 무언가를 실행해야 합니다.

그러나 우리는 대개 행하지는 않고 그저 염려만 하고 있습니다. 그렇다고 그런 문제에 대해 완전히 무관심해지자는 말은 아닙니다. 염려하기보다는 먼저 그 어떤 일을 실천에 옮기십시오, 어떤 상황에 직면하게 되면 내가 이 상황에서 무엇을 할 수 있는지 곰곰이 생각해보시기를 바랍니다. 그리고 그 무언가를 할 수 있는 것이 있다면 즉시 염려를 내려놓고 긍정의 마음과 그 일을 행하되 기쁨으로 합니다.

마 6:3-34/ "그런즉 너희는 먼저 그의 나라와 그의 의를 구하라 그리하면 이 모든 것을 너희에게 더하시리라 그러므로 내일 일을 위하여 염려하지 말라 내일 일은 내일이 염려할 것이요 한 날의 괴로움은 그 날로 족하니라."

내일을 염려하는 대신에 창조주 하나님의 나라와 의를 먼저 구하는 가운데, 모든 삶에 부정보다는 긍정의 삶이되기를 소망합니다.
또한 그리고 영육간 모든 범사에 염려보다는 삶 가운데 내게 주어진 있는 그대로를 감사하며 매순간마다 웃음과 평강으로 행복의 문을 열어가기를 예수님의 이름으로 축복합니다.